- DIPLOMICA
BAND 17

Herausgegeben von Björn Bedey

Ein neues New Hollywood?

Zur Verschmelzung von
Independent und Mainstream
im aktuellen Hollywood-Kino

von

Dominik Tschütscher

Tectum Verlag
Marburg 2004

Die Reihe *diplomica* ist entstanden aus einer Zusammenarbeit der Diplomarbeitenagentur *diplom.de* und dem *Tectum Verlag*.
Herausgegeben wird die Reihe von Björn Bedey.

Tschütscher, Dominik:
Ein neues New Hollywood?.
diplomica, Band 17
/ von Dominik Tschütscher
- Marburg : Tectum Verlag, 2004
ISBN 978-3-8288-8657-5

© Tectum Verlag

Tectum Verlag
Marburg 2004

Inhalt

Seite

Danke... 3
Anmerkungen zur Arbeit... 5
Verzeichnis der Abbildungen.. 7

A Einleitung

1. Was geschieht mit Hollywood?.. 11
2. „There are indies and indies" – Eine Definitionsfindung....................... 15

B Hauptteil

1. Zur filmgeschichtlichen Diskussion und Methode................................. 21
2. Alles neu in Hollywood: New Hollywood als Überbegriff
   für eine Zeit nach der Studio-Ära
   2.1 Wann ist was 'neu' in Hollywood?... 27
   2.2 New Hollywood 1: Das ästhetische New American Cinema............. 33
   2.3 New Hollywood 2: Das ökonomische Blockbuster-Syndrom........... 39
   2.4 Ausblick: Kommt New Hollywood 3?... 43
3. Hollywood Mainstream weltweit
   3.1 Das Blockbuster-Syndrom infiziert die 80er: High Concept.............. 46
   3.2 Hollywoods weltweite Marktdurchdringung:
       Film als Startprodukt.. 51
       3.2.1 Vom Film- zum Medien- und Alltagserlebnis
           3.2.1.1 Konglomerate und Fusionen.. 53
           3.2.1.2 Horizontale Integration: Ausschöpfung
                   angrenzender Märkte... 58

    3.2.1.3 Horizontale Produktdifferenzierung................................. 62
    3.2.1.4 Seitenblick: Die unterschiedlichen „Texte" einer
         horizontalen Integration... 63
    3.2.2 Vertikale Re-Integration: Rückeroberung der Leinwände........... 65
    3.3 Der Untergang der 80er-Independents.. 67
4. Hollywood goes Independent. Independent goes Hollywood
    4.1 Der Aufstieg der Independents um 1989... 71
    4.2 Hollywood bleibt Hollywood
        4.2.1 Rekorde, Rekorde, Rekorde... 80
        4.2.2 Analyse: Distributions- und Produktionsweisen der Majors
            in den 90er Jahren.. 87
        4.2.3 Fazit: Hollywood bleibt im Mainstream................................. 104
    4.3 Die Independents zwischen Kunst und Kommerz
        4.3.1 Auf den Spuren der Majors.. 108
        4.3.2 Analyse: Distributions- und Produktionsweisen der Independents
            in den 90er Jahren...119
        4.3.3 Fazit: Independent goes Hollywood........................…..... 143
    4.4 Spiegelbild der Zeit: Oscars, Spirit Awards und Sundance................ 145
5. Ausblick: Ein neues New Hollywood?... 154

C Schluß... 161

D Anhang
    A – US-Box Office 1993-2001.. 164
    B – Produktionsweisen... 169
    C – Jahresverhalten – Year Behavior....................................... 171
    D – Screen Behavior..…..... 173
    E – Top 3 der Majors.. 182

E Literatur.. 189

Danke

Es sei all jenen gedankt, die zur Fertigstellung dieser Arbeit ihren Beitrag geleistet haben:

- Dr. Thomas Steinmaurer, Institut für Kommunikationswissenschaft, Universität Salzburg, für die sehr hilfreiche und persönliche Betreuung dieser Arbeit. Wann immer Hindernisse auftraten, sah er einen Weg, diese zu überwinden.

- Ein herzliches Dankeschön an meine Freunde Jürgen Schindler und Dominik Koch-Gombert für die Lektüre und Korrektur der fertiggestellten Arbeit.

- Dank gilt auch meiner Familie, die mich „walten" ließ und mir immer das Gefühl und Vertrauen gab, das Richtige zu tun.

- Der Dank geht auch an all meine Freunde, die mich während meines Studiums in Salzburg begleitet haben. Ihnen ist diese Arbeit gewidmet. Sie waren nicht nur während der Fertigstellung der vorliegenden Arbeit wichtige Stützen, die das Studium in Salzburg zu einem unvergeßlichen und weiterbringenden Abenteuer werden ließen. Danke!

Dominik Tschütscher
im Dezember 2001

Anmerkungen zur Arbeit

Filmtitel und Zahlen:

- In der Arbeit werden die Original-Filmtitel verwendet. Dort, wo deutsche Titel mitunter zum besseren Verständnis beitragen (zur leichteren Wiedererkennung), wird der deutsche Titel beigefügt. Beispiel: *Jaws – Der weiße Hai*.

- Die Jahreszahlen (in Klammern nach dem Filmtitel) beziehen sich nicht auf das Produktionsjahr, sondern das Jahr, in welchem der Film in den Kinos startete. Starttermine beziehen sich immer auf den US-Markt. Beispiel: *Pulp Fiction* (1994).

- Alle Zahlen, die sich auf Einspielergebnisse, Produktionskosten, etc. beziehen, werden in US-Dollar angegeben.

Englische Begriffe:

- Englische Fachbegriffe werden übernommen, wenn kein entsprechender, in dieser Disziplin gebräuchlicher deutscher Ausdruck vorhanden ist. Beispiel: *saturation booking*, *movie brats* oder *wide release*. In der Arbeit werden die englischen Wörter übernommen und kursiv gesetzt.

- Viele Wörter aus dem Englischen sind als Begriffe in der Diskussion über Film bereits übernommen worden. Beispiel: Box Office, Major Studio, Majors oder Mainstream. Diese Ausdrücke werden als gebräuchliche Fachbegriffe verwendet und deshalb nicht kursiv dargestellt.

- Der Begriff „Independent Film" wird in dieser Arbeit als Eigenwort verwendet, daher immer groß geschrieben und nicht kursiv gesetzt. Beispiel: „Der Independent Film erfährt im Jahr 1989 seine Auferstehung". Vielfach wird auch die Abkürzung „Indie" verwendet.

Zitieren:

Neben den gebräuchlichen Zitierregeln erfolgt die Zitierung von Quellen aus dem Internet und der Fachzeitschrift Variety im Text auf folgende Weise:

- Wird aus dem Internet zitiert, wird der besseren Lesbarkeit wegen am Ende des Zitats nur die Haupt-Internetseite in Klammern angegeben, zusammen mit dem Titel des Aufsatzes oder dem Autor. In der Bibliographie am Ende der Arbeit wird dann die komplette Zitierung und der vollständige Verweis auf die Internetseite angeführt. Beispiel: (vgl. *www.variety.com, Anderson*).
- Artikel aus der Fachzeitschrift Variety werden im Text folgendermaßen zitiert:

  „... Zitat ..." (Variety vom 14. August 1998)

  In der Bibliographie erfolgt dann der komplette Nachweis.

Aktualität:

Daten wie bspw. Box Office oder All-Time-Hitlisten oder auch Bewegungen im Filmmarkt (Käufe, Fusionen) wurden bis zum 15. November 2001 berücksichtigt.

Die vorliegende Arbeit ist eine überarbeitete Version der im Winter 2001 an der Universität Salzburg angefertigten Diplomarbeit gleichen Titels.

Verzeichnis der Abbildungen

Seite

Abbildung 1: Fast Burn von Blockbuster-Filmen.. 49
Abbildung 2: Vertikale Re-Integration (1986 bis 1995, Auszug)................. 66
Abbildung 3: TIMELINE. Gründung von Independents und
Akquisitionen seit 1990.. 79
Abbildung 4: US Box Office, 1991-2000.. 80
Abbildung 5: Box Office der Majors, 1993-2000.. 81
Abbildung 6: Verkaufte Kinoeintritte im US-Markt, 1991-2000.................. 83
Abbildung 7: Durchschnittliche Produktionskosten der Majors,
1990-2000... 84
Abbildung 8: Marketingkosten – P&A, 1980-2000....................................... 84
Abbildung 9: Distribuierte Major-Filme (gesamt), 1991-2000..................... 88
Abbildung 10: Distribuierte Filme der Majors, 1991-2000........................... 89
Abbildung 11: Prozentualer Anteil von Produktionsweisen, 1991-1998....... 95
Abbildung 12: Deals der Majors mit (Produktions-)Firmen und Künstlern,
1997-2001 (bis Juli).. 96
Abbildung 13: Screen Behavior. Typischer Verlauf der Major Studios,
Beispiel: Paramount... 98
Abbildung 14: Screen Behavior. Typischer Verlauf der Major Studios,
Beispiel: Fox... 99
Abbildung 15: Jahresverhalten der Majors, 1991-2000............................... 102
Abbildung 16: Top-3-Filme der Majors außerhalb Blockbuster-Saison....... 103
Abbildung 17: US-Box Office der Indies und Majors, 1993-2000............. 110
Abbildung 18: Box Office, Miramax/Dimension, 1993-2000..................... 112
Abbildung 19: Durchschnittliche Produktionskosten der MPAA-Indies,
1998-2000... 114
Abbildung 20: Durchschnittliche Marketing-Kosten der MPAA-Indies,
1998-2000... 115
Abbildung 21: Distribuierte Filme von Miramax (inkl. Dimension),

New Line (inkl. Fine Line) und Sony Classics, 1991-2000................. 121
Abbildung 22: Distribuierte Filme der Indies, 1999 und 2000...................... 122
Abbildung 23: Welche Independents distribuieren Sequels?...................... 124
Abbildung 24: Produktionsweisen von Miramax, 1991-1998...................... 127
Abbildung 25: Produktionsweisen von New Line Cinema, 1991-1998......... 128
Abbildung 26: Produktionsweisen von Fox Searchlight, 1995-1998............ 128
Abbildung 27: Deals der Indies mit (Produktions-)Firmen und Künstlern,
 1997-2001 (bis Juli).. 129
Abbildung 28: Screen Behavior. Typischer Verlauf der Indies,
 Beispiel: Sony Pictures Classics... 131
Abbildung 29: Screen Behavior. Typischer Verlauf der Indies,
 Beispiel: Fine Line Features.. 132
Abbildung 30: Screen Behavior. Miramax.. 133
Abbildung 31: Screen Behavior. New Line Cinema..................................... 134
Abbildung 32: Screen Behavior. Artisan... 135
Abbildung 33: Screen Behavior. USA Films.. 136
Abbildung 34: Jahresverhalten der Majors im Vergleich zu Miramax und
 New Line, 1991-2000... 139
Abbildung 35: Jahresverhalten der Majors im Vergleich zu Sony Classics
 und Fox Searchlight, 1991-2000... 141
Abbildung 36: Anzahl nominierter Indie-Filme und Gewinner, 1990-2001.. 147
Abbildung 37: Prozentualer Anteil der Nominierungen für Indie-Filme,
 1990-2001.. 148
Abbildung 38: Prozentualer Anteil von gewonnenen Oscars von Indies,
 1999-2001.. 149
Abbildung 39: Ein neues New Hollywood?.. 160

A Einleitung

1. Was geschieht mit Hollywood?

Im Kinosaal wird es unruhig. Minutenlang weilt die Kamera in einer einzigen Einstellung; wir beobachten das Geschehen auf einem beleuchteten Baseballfeld, auf dem Kinder spielen. Der Polizist Javier Rodriguez, gespielt von Benicio Del Toro, sitzt auf den Zuschauerreihen und verfolgt – wie wir Kinobesucher – das Spiel. Die neue Lichtanlage des Stadions ist ihm zu verdanken, da er im Kampf gegen die Drogenmafia einen Deal erreichte: Im Gegenzug für seine Hilfe forderte er eine Beleuchtungsanlage, damit sich die Jugendlichen abends dem Sport widmen können und nicht irgendwo auf der Strasse der Drogenhölle ausgesetzt sind. Nun sitzt er zufrieden auf seinem Platz im Stadion. Er hat etwas erreicht, auch wenn dies nur ein kleiner Erfolg im Kampf gegen das Böse ist.

Im Kinosaal wird es unruhiger. Noch immer weilt die Kamera in derselben Einstellung und zeigt spielende Kinder. Der Kinosaal ist voll (an einem Dienstagabend), mehrheitlich sind die Kinobesucher Jugendliche. Haben sie den Film nicht verstanden? Was als versöhnlicher Abschluß einer thematisch schwierigen Abhandlung gilt, ist für viele der sonst von Hollywood infizierten Kinogemeinde in einem Hohenemser Cineplexx anscheinend doch zu wenig.

Aber *Traffic* war ein voller Erfolg: Bei seiner Premiere Ende Dezember letzten Jahres in den USA lediglich auf vier Leinwänden gezeigt, wurde der Film bejubelt und fand schnell den Weg in zusätzliche Kinos, bis er am Höhepunkt in knapp 2.000 Kinosälen dem amerikanischen Publikum den Drogenkrieg zwischen Amerika und Mexiko vor Augen führte. Letztendlich spielte *Traffic* weltweit 205 Millionen US-Dollar ein, 124 Millionen im nationalen Markt. Regisseur Steven Soderbergh wurde zum zweiten Mal als Wunderkind gefeiert (nach seinem Debüterfolg *sex, lies, and videotape* im Jahre 1989) und erhielt im März des Jahres 2001 die Oscar-Statuette für Beste Regie. Insgesamt erhielt der Film fünf Academy-Awards-Nomierungen und gewann schließlich vier Oscars. Und das mit einem Film, der von der 'unabhängigen' und bis dahin eher unbekannten

Vertriebs-/Verleihfirma USA Films in die Kinos gebracht wurde, der einem völlig unkonventionellen Erzählmuster folgt (vier Geschichten ineinander verwoben), mit unterschiedlichen filmischen Mitteln arbeitet (Handkamera, grobkörnige Bilder), nur aufgrund Hollywood-Stars wie Michael Douglas oder Catherine Zeta-Jones vermarktbar wäre (und selbst diese spielen keine Helden), dessen Dialog zweisprachig ist (englisch und spanisch) und letztendlich eine 'schwierige' (schwierig sowohl in der filmischen Behandlung als auch im eigentlichen Sinne, nämlich Gesellschaft und Drogen zu thematisieren) Thematik wahrheitsgetreu darzustellen versucht.

Was also ist mit Hollywood geschehen; diesem Hollywood, das wir kennen, welches sich durch Konventionen, Klischees und Happy Endings auszeichnet, und welches wir durch unzählige Filme und Filmreihen wie *Jurassic Park, While You Were Sleeping, Titanic, Toy Story, Speed, Sleepless in Seattle, Die Hard, Lethal Weapon, Mrs. Doubtfire,* usw. kennen und auch lieben gelernt haben?

Keineswegs ist *Traffic* eine Ausnahmeerscheinung. In den letzten Jahren kamen immer wieder sogenannte (auch internationale) Independent Filme in den Genuß von Kritikerlob und hohen Einspielergebnissen: *Billy Elliot, Saving Grace, The Crying Game, Dead Man Walking, Il Postino, Boys don't cry, Sling Blade, The Usual Suspects, Shadow of the Vampire, Life is Beautiful, Shine, The Full Monty* und vor allem *Pulp Fiction* und aktuell *Crouching Tiger, Hidden Dragon* und – wenn wir großzügig sind – auch *American Beauty, The English Patient* oder *Shakespeare in Love*. Ein Phänomen aus dem Ende der 80er Jahre – der vielfach umschriebene Aufstieg des amerikanischen Independent Films – verwurzelt sich immer stärker im sonst undurchdringbaren Boden Hollywoods.

Die vorliegende Arbeit geht dieser Bewegung nach, die für viele Kritiker und Filmwissenschafter mit *sex, lies, and videotape* (1989) begonnen hat und mittlerweile zu einer angeblichen Verschmelzung von Mainstream und Independent geführt hat bzw. führt. Das Jahr 1996 wurde von den Medien zum „Year of the Independents" erkoren, nachdem Indie-Filme wie *The English Patient*; *Fargo* oder *Shine* die Oscar-Zeremonie dominierten. Aber nur ein Jahr später dockte der Mainstream wieder im Hafen Hollywoods an: Die *Titanic* war eingelaufen. Und genauso spektakulär wie ihr filmischer Untergang war ihr Aufstieg in den

Box-Office- und Oscar-Olymp. Ein Jahr darauf folgte wiederum ein Indie: *Shakespeare In Love*, ein Film vertrieben von Miramax, und daher als Independent Film deklariert. Kann aber diese Komödie wirklich als Independent Film bezeichnet werden? Und was macht *Fargo* mehr 'independent' als beispielsweise *Forrest Gump*? Und ist es sinnvoll, den vielumjubelten und zum Kult erhobenen Tarantino-Streifen *Pulp Fiction* als Independent Film zu bezeichnen, was sich auch John Pierson, selbst im Indie-Busineß tätig, fragt, denn: „Begin with the fact that [Pulp Fiction] stars John Travolta and Bruce Willis. Even without their profit participation, it cost $8 million dollars. It was originally set up at TriStar [ein Major Studio; d. A.] and, eventually had a 1.200 print release by Miramax, a division of Disney." (Pierson 1995, S. 332) Die Verschmelzung von Mainstream und Independent dringt auch schon bis zur Definitionsfindung vor. Was ist heutzutage überhaupt 'Independent'? Verschmelzung könnte auch mit 'Verwirrung' gleichgesetzt werden. Deshalb muß für den Fortgang dieser Arbeit eine klare Linie für das gezogen werden, was untersucht wird. Da Hollywood immer noch und vor allem ein Busineß ist und Box Office ein, wenn nicht das wichtigste 'Qualitäts'-Merkmal darstellt, verfolgt diese Arbeit einen **ökonomischen Ansatz** (mehr dazu in Kapitel 1). Hollywood ist eine Geld-Maschinerie; und dieses Geld liegt vor allem bei den Vertriebsfirmen (englisch: *distributors*). In Hollywood ist es nicht bedeutend, *welche* Filme gemacht werden, sondern *wer* diese Filme *wie* ins Kino bringt. In Amerika werden jährlich bis zu 500 Filme in den Kinos gestartet. Auf dem Markt befinden sich jedoch unzählige mehr. Die Motion Picture Association of America (repräsentiert die Major Studios in Hollywood, zuständig für Altersfreigaben) bewertete etwa im Jahr 2000 762 Filme auf Altersfreigaben. 478 davon fanden einen Verleih und somit den Weg in die Kinos. Festivals wie das Sundance-Festival in Utah, Plattform für Independent Filme, zählen mittlerweile über 1.000 Anmeldungen. Viele dieser Filme wird man nie zu Gesicht bekommen. Es liegt daher in dieser Arbeit die Konzentration auf **Distributionsfirmen**, da diese selektiv aus einer unüberschaubaren Anzahl an Filmen nur einzelne in die Kinos bringen und somit bestimmen, welche Filme dem Publikum zugänglich sind und welche nicht.

In der Untersuchung werden daher neben den vertikal integrierten (d.h. in Produktion, Distribution und Exhibition tätigen) **Major Studios** (Warner Bros,

Universal, Sony, ...) kleinere Verleihfirmen (**Independents**) wie Miramax, New Line Cinema, Lions Gate, Sony Pictures Classics, usw. diskutiert und deren **Produktions- und Distributionsweisen** analysiert und verglichen (mehr dazu ebenfalls in Kapitel 1). Mit dieser Analyse sind folgende Fragestellungen verbunden: Wie sind die Studios bzw. Firmen aufgebaut? In welchen Bereichen sind sie wie tätig? Wie viele Filme vertreiben sie im Jahr? Wie verhalten sie sich im Verlauf eines Jahres? usw. Die Haupthypothese ist, daß sich eine Verschmelzung abzeichnet und sich die Praktiken der Majors, die den Mainstream darstellen, denjenigen der Independents angleichen und daher eine Verschmelzung zwischen ihnen erfolgt.

Diese Verschmelzung wird zusätzlich in den Kontext der New Hollywood-Diskussion(en) gestellt, worauf sich auch der Titel dieser Arbeit konkret bezieht. Die Frage, die sich in diesem Kontext stellt, lautet: Zeichnet sich mit dieser Vermischung der Grenzen zwischen Independent und Mainstream ein weiteres, neues New Hollywood ab bzw. ist es bereits Wirklichkeit?

Die Arbeit beginnt mit der Darlegung dieser Zusammenhänge. Nach einem einleitenden Kapitel über die filmgeschichtliche Diskussion und Methodik dieser Arbeit wird im zweiten Kapitel die Diskussion rund um New Hollywood dargestellt: Es wurden schon einige New Hollywoods ausgerufen; welche? Und warum? Und wieso könnte die hier untersuchte Bewegung als weiteres New Hollywood angesehen werden? Das dritte Kapitel dient der genaueren Darstellung der vorherrschenden Produktions- und vor allem Distributionsweisen in den 80er Jahren, den Jahren, in denen Hollywood (seine Filme und Firmen) so geformt wurde, wie wir es heute antreffen: als eine von Konglomeraten und Fusionen charakterisierte Industrie, die *Big-Budgets*-Filme produziert und Erlebniskino anbietet. Begriffe wie bspw. *High Concept* oder vertikale und horizontale Integration werden erklärt und sind wichtig für das Verständnis der Praktiken der Majors. Das Kapitel dient als Grundlage für die Diskussion im vierten Teil, vor dessen Hintergrund ein Vergleich zwischen Produktions- und Distributionsweisen der Majors und Indies stattfinden kann. Der vierte Teil der Arbeit untersucht schließlich das Verhalten der Majors und Independents in den 90er Jahren: Wie präsentieren sie sich? Wann und wo sind sie wie tätig? Dieser vierte Teil soll auch Antwort auf die Frage geben, ob und gegebenenfalls wie sich Mainstream und Independent im derzeitigen Hollywood-Kino vermischen.

Der fünfte Teil der Arbeit schließt den Kreis, und die Ergebnisse werden im anfänglich dargestellten Kontext 'New Hollywood' diskutiert. Gibt es ein neues New Hollywood?

2. „There are indies and indies" – Eine Definitionsfindung

Die Diskussion darüber, was Independent Film (oder *low-budget-* oder *Off-Hollywood*-Filme als weitere gebräuchliche Bezeichnungen für dasselbe Phänomen) ist und wie er zu definieren ist, könnte ein eigenes Kapitel füllen. Der Ausdruck Independent ist im Filmbereich ein Modewort geworden. Nachdem viele Kinobesucher und -kritiker des Hollywood-Mainstreams müde wurden, einzelne Filme wie *The Crying Game* oder eben *sex, lies, and videotapes* weltweiten Ruhm erlangten und auch die Medien immer mehr über die verheißungsvollen Indies berichteten, rühmten und rühmen sich viele Studios und Filmemacher, Independents zu sein und Independent Filme zu produzieren. So könnte auch, wenn wir die Definition weit fassen, *Terminator 2: Judgment Day* als Independent Film definiert werden, weil er von der unabhängigen Produktionsfirma Carolco produziert wurde. Aber Produktionsfirmen gibt es in Hollywood (nicht geografisch sondern ideologisch gemeint) unzählig viele und jeden ihrer Filme als Independent zu beschreiben, geht doch gegen jeden cineastischen Verstand.

Eigentlich alle Autoren weisen darauf hin, daß der Begriff 'Independent' in Hollywood seinen Wert verloren hat. „'Independent' film lacks a cogent definition", meint beispielsweise Brad Anderson, selbst unabhängiger Filmemacher. „Ask someone to describe what independent film is and they'll usually tell you, 'Oh, ya mean those movies you see on Bravo, or at arthouses, or at film festival.' We seem to know where to find them but actually describing what they are [...] is tough." (*www.variety.com, Anderson*)

Justin Wyatt beschreibt Independent Filme simpel als „films not released by the majors" (Wyatt 1998, S. 74), weil eben 'unabhängig' von diesen. Auch Kleinhaus oder Hillier verfolgen den Ansatz, daß Independent ist, was sich vom Mainstream der Majors abgrenzt: „'Independent', then, has to be understood as a relational term – independent in relation to the dominant system – rather than taken as indicating a practice that is totally free-standing and autonomous." (Kleinhaus 1998, S. 308) „[...] 'independent' has always implied work different from the dominant or mainstream, whether this relationship is defined primarily in economic terms (production and distribution) or in aesthetic or stylistic terms." (Hilllier 2001, S. IX) Roger Corman, ein Pionier des Indie-Trashs der 50er und 60er Jahre, definiert rein ökonomisch: „A true independent is a company that can finance, produce and distribute its own movie" (Corman zit. in Hillier 1992, S. 20) und spricht gleich ein aktuelles Problem bzw. Charakteristikum der Indie-Szene an: „Most are partial independents, connected in some way to a major studio." (Ebd.) Auch Levy sieht in diesem immer häufiger aufkommenden Einfluß der Majors ein Problem für die Definitionsfindung: „In the past, the tag 'independent' was applied to low-budget pictures that played for a week in the local art house. Referring to nonstudio, low-budget movies, distributed by a maverick company, the label had clearer meaning. In the 1990s, however, things have changed. Companies like Disney, Warners, and Universal have taken over independents such as Miramax, New Line, and October, and indies' budgets have increased to as much as $50 million." (Levy 1999, S. 3) Diese (und auch andere) Firmen tragen vielfach immer noch das Label 'independent', was vor allem auch (aber nicht nur) von der einschlägigen Presse toleriert und gar kommuniziert wird.

Für Schamus, ebenfalls im Filmbereich als Produzent und Verleiher tätig, ist ein Independent Film ein „independently financed film [...] that is, a film financed by capital that is not provided by or guaranteed by the distribution companies that will eventually exploit the film". (Schamus 1998, S. 102) Diese Definition würde aber wiederum Produktionsfirmen wie eben Carolco (*Terminator 2*), Beacon (*Air Force One*) oder Morgan Creek (*Robin Hood: Prince of Thieves*) mit einschließen.

Neben diesen rein aus ökonomischer Perspektive betrachteten Definitionen beinhaltet 'Independent' für andere Autoren und Filmemacher immer auch 'ideologisch und ästhetisch unabhängig', obwohl sich alle darüber einig sind, daß Independent Filme nur außerhalb des dominierenden Systems der Major Studios produziert werden können. Levy: „Ideally, an indie is a fresh, low-budget movie with a gritty style and off-beat subject matter that express the filmmaker's personal vision." (Levy 1999, S. 2) Filme nach solchen Definitionen wären somit Filme des *art cinema*, eine Art des Filmemachens neben *avant-garde-film*, *Hollywood-film* und dem *modernist cinema*, wie Bordwell und Staiger eine Einteilung versuchen. (Vgl. Bordwell / Staiger / Thompson 1985, S. 381) Deshalb werden Indies vielfach auch als *art-house*-Filme bezeichnet, Filme mit 'Visionen' und '*spirit*'. Merritt jedoch hält auch solche Definitionen für nicht haltbar, denn sie basieren auf Subjektivität, auf „arbitrary decicions about what constitutes art and, in previous decades, what constitutes exploitation". (Merritt 2000, S. XII) Verwirrung? Verschmelzung?

Man muß also leider zustimmen, wenn Sight & Sound in einer Ausgabe aus dem Jahr 1996 schreibt: „There are indies and indies". Es gibt keine allgemein gültige Definition. Viele Autoren sprechen die Problematik an, fahren jedoch in ihren Ausführungen fort, ohne Independent zu beschreiben, umgehen somit das Problem und benutzen den Begriff so, wie er sich in seiner Vielfalt präsentiert. Nur wenige Autoren finden eine Definition, an die sie sich halten (so etwa Merritt oder Goodell).

Für den Zweck dieser Arbeit wird daher eine 'simple' Definition von Independent Film herangezogen und so angewandt, wie 'independent' wörtlich zu verstehen ist, nämlich: 'unabhängig' von den Majors. Auf der einen Seite befinden sich daher die den Mainstream präsentierenden und meist als Majors bezeichneten 'großen' Studios, zu denen folgende Unternehmen zu zählen sind: Walt Disney Company bzw. deren Distributionsarm Buena Vista, Sony Pictures Entertainment (vereint die beiden Studios Columbia und TriStar), Metro-Goldwyn-Mayer (MGM), Paramount Pictures Corporation, Twentieth Century Fox Film Corp., Universal Studios und Warner Bros.. Sie sind seit den Anfängen des US-Kinos mit dabei und werden daher auch als Majors bezeichnet. Sie sind auch (alleinige) Mitglieder der Motion Picture Association of America (MPAA), der größten und wichtigsten Handelsorganisation der amerikanischen Filmindustrie. Dreamworks SKG (gegründet von Steven Spielberg, David Geffen und Jeffrey Katzenberg) wird in dieser Arbeit ebenfalls als Major behandelt. Das Studio wurde erst 1994 gegründet, mischte aber gleich im Spiel der Majors mit. Es gibt jedoch Anzeichen dafür, daß Dreamworks Plattform auch für zwar kommerzielle, aber ambitionierte Filme sein kann. Zudem ist Dreamworks im Gegensatz zu den anderen Major Studios nicht gänzlich vertikal integriert und kein Mitglied der MPAA. Die Zuordnung zu den Major Studios erfolgt deshalb nur mit Abstrichen.

Auf der anderen Seite befinden sich die Independents. In Betracht kommen nur – wie bereits angedeutet – Distributionsfirmen, aber keine Produktionsfirmen. Das schließt jedoch nicht aus, daß die Distributionsfirmen nicht auch selbst für die Finanzierung einzelner Filmprojekte aufkommen, d.h. also auch im Produktionsbereich tätig sind.

Aufgrund der Tatsache, daß Majors vielfach schon Indies aufgekauft haben und eigene Indie-Nischen gebildet haben (Fox Searchlight, Sony Pictures Classics, Universal Focus, etc.), stellt sich die Frage, ob solche Studios überhaupt noch als Indies bezeichnet werden können. Daher muß eine Einteilung der unabhängigen Distributionsfirmen vorgenommen werden. Dale unterscheidet drei Arten von Indie-Distributionsfirmen. (Vgl. Dale 1997, S. 58) Dieser Einteilung folgt auch die gegenständliche Untersuchung.

- *mini-majors*: Distributionsfirmen, die von Majors aufgekauft wurden bzw. als Teil der Major Studios einverleibt wurden und „an eye on the mainstream and crossover" haben. Darunter fallen Firmen wie New Line Cinema oder Miramax. Solche Studios werden auch „major-independents" genannt (bspw. Wyatt 1998, Pierson 1995), ein Ausdruck, der auch in dieser Arbeit übernommen wird.

- *classic indies*: *art-house*-Division eines Major Studios oder eines anderen Studios, um die Nischen des Marktes zu füllen; z.B. Fox Searchlight, Sony Pictures Classics, Universal Focus, Screen Gems, Paramount Classics.

- *micro-indies*: Sie vertreiben eine kleine Anzahl an Filmen, die unter 0.5 Millionen US-Dollar einspielen und vor allem bei etlichen Indie-Festivals anzutreffen sind; z.B. Zeitgeist, First Run, First Look. *Micro-indies* werden in dieser Arbeit jedoch nicht berücksichtigt, da sie zum einen zu wenig Marktanteil haben und zum anderen meist nur auf dem Festivalzirkus und in spezialisierten Kinos aktiv sind und somit nicht im Kernmarkt des Mainstreams, der Majors und der bedeutenderen Independents mitmischen. Deshalb sind sie für diese Arbeit irrelevant.

Dales Einteilung soll aber noch durch eine weitere Gruppe erweitert werden:

- *macro-indie*: Distributionsfirmen, welche keine Verbindung zu einem Major Studio aufweisen, das heißt also weder Division eines Majors sind noch von einem Major unterstützt werden, aber doch im Rahmen des Mainstreams und Crossovers Filme produzieren bzw. vertreiben; z.B. Lions Gate Releasing oder Artisan.

Diese Einteilung mit ökonomischem Ansatz schließt nicht aus, daß hier das künstlerische, das ideologisch unabhängige Kino außer Acht gelassen wird. Denn die meisten Distributionsfirmen wie New Line oder Miramax haben als unabhängige Firmen begonnen und sind erst im Laufe ihres Erfolges für die Majors attraktiv geworden. Sie machen immer noch Independent Filme und bringen künstlerische, unkonventionelle Filme in die Kinos, trotz (oder gerade dank) des Schutzmantels eines Major Studios. Daß sich Ökonomie und Ästhetik vielfach vermischen (siehe auch Kapitel 1), wird auch in dieser Arbeit nicht zu umgehen sein. Denn wenn bspw. 'Indie' New Line Cinema Streifen wie *Lords of the Rings – Der Herr der Ringe* oder *Austin Powers* – alle von Blockbuster-Qualität – produziert, kann man schlecht von 'Independent' sprechen. Eine ausschließlich ökonomische Betrachtungsweise wäre demnach verfehlt und muß immer wieder relativiert werden; sie stellt jedoch eine die Arbeit lenkende Ausgangsposition der Definition dar.

Definitionen von Majors, Mainstream und Hollywood sind hier nur kurz anzureißen, da im Laufe der Arbeit ausführlich beschrieben wird, was v.a. Mainstream ist und was Hollywood ausmacht. Der Begriff Majors stammt aus den Anfängen des Kinos, als Studios wie Paramount oder Warner Bros. bereits tätig waren. Sie prägten das amerikanische Kino bis hin zur heutigen Blockbuster-Generation. Der Begriff ist daher ein Relikt aus der Vergangenheit und beschreibt die großen, vertikal integrierten Hollywood-Studios. Sie stellen den Mainstream dar, welcher ebenfalls im Laufe der Arbeit genauer skizziert wird. Der Begriff Mainstream hatte bspw. in den 30er Jahren eine andere Konnotation als der heute als Mainstream bezeichnete Sektor. So wird vor allem im Kapitel 3 und 4 ersichtlich, was Mainstream im zeitgenössischen amerikanischen Kino bedeutet und wodurch er sich auszeichnet.

'Hollywood' dient als Überbegriff für das vorherrschende, vielfach als kulturell imperialistisch bezeichnete US-Kino, „an industry, a collection of profit-maximizing corporations operated from studio head-quarters in the United States, and so, like all film industries, it consists of three fundamental components: production, distribution, and presentation of feature films". (Gomery 2000, S. 19) Gomery weist auch auf die fälschliche geographische Verwendung des Begriffs hin. (Vgl. Gomery 1996, S. 411) Denn obwohl Hollywood in Los Angeles Brutstätte und Herberge vieler Major Studios war bzw. ist, kann es nicht auf seine geographische Referenz reduziert werden. Die Industrie ist zwar dort gelagert, während ihre wirtschaftlichen Tätigkeiten (Filmproduktion, Verleih, Finanzierung, etc.) globalen Ausmaßes sind und sich auf der ganzen Welt verteilen.

B Hauptteil

1. Zur filmgeschichtlichen Diskussion und Methode

„It must be stressed that no film has ever been created outside of an economic context."
– *Douglas Gomery/Robert C. Allen, in: Film History: Theory and Practice (1985).*

Es ist erstaunlich, wie selten ökonomische Ansätze in der filmgeschichtlichen Diskussion angewandt werden und vor allem, wie jung dieser Ansatz ist. In den frühen Jahren des US-Kinos und seiner Geschichtsschreibung wurde Filmgeschichte vielfach durch deskriptive Auflistung wichtiger Ereignisse und Filmschaffender praktiziert.[1] Erst Mitte der 80er Jahre folgte mit Gomery und Allens Buch *Film History: Theory and Practice* (1985) einer der ersten und bedeutendsten Versuche, Filmgeschichte zu begreifen, einzuordnen und ihr ein theoretisches Konstrukt zu geben. Die Autoren schlugen vier Ansätze vor Filmgeschichte anzugehen (vgl. Allen/Gomery 1985, S. 66ff): ästhetische, technologische, ökonomische und soziale Filmgeschichte. Bereits im Vorwort weisen sie darauf hin, daß es in Filmgeschichte nicht *die* Herangehensweise gebe (vgl. ebd., S. IV), da Film immer Ökonomie, Ästhetik, Technologie und Soziales beinhalte: „[...] film is simultaneously all these things: It is a system" (ebd, S. V); die vier Teile seien „all threads of the same cloth". (Ebd., S. 21) Gomery und Allen – sie gehören zu den sogenannten Revisionisten unter den Filmhistorikern – sind auch unter den ersten, die vor allem die Ökonomie in den filmhistorischen theoretischen Diskurs einbeziehen, was verwunderlich ist, denn der US-Film ist und bleibt ein Busineß und war von Beginn an eine Industrie. Begriffe wie der des

---

1 Filmgeschichte ist einer der drei zentralen Bereiche von Filmwissenschaft, die weiteren zwei sind: Film-Theorie (behandelt Film im Abstrakten und untersucht Fragen wie: Wie produziert und transportiert Film Bedeutung? Was macht Film zur Kunstform? Was ist Dokumentarfilm? etc.) und Film-Kritik (behandelt spezielle Fragestellungen einzelner Filme oder Filmgruppen, wie: Darstellung des Helden in Actionfilmen; Der Einsatz von Symbolen in *Fight Club*; Stanley Kubricks Filme und Referenzen zur Gesellschaft; etc.).

studio system, eine Zeit bis Ende der 40er Jahre beschreibend, in der die Hollywood-Studios dank standardisierter Praktiken (v.a. in der Produktion), klarer Hierarchien und Star-System das amerikanische Kino zur *Golden Era* führten, zeigen, daß Film in Hollywood seit seinen Anfängen nicht bloß Kunst, sondern immer auch Kalkül war. Selbst zu Zeiten von D.W. Griffith oder Charlie Chaplin waren Filme immer ein Produkt, Filmemachen ein Busineß: „Since the founding of the motion picture industry in the United States", schreibt Gomery, „showing movies has been organized as a business. Thus, at its base the history of motion picture presentation in the United States is an economic history." (Gomery 1992, S. 3) David Bordwell erklärt, trotz des künstlerischen Anspruchs des Mediums, die Bedeutung einer Diskussion der ökonomischen Begebenheiten folgendermaßen: „Today, a graduate student in film studies must know far more about the structure and conduct of the film industry than, say, a student of contemporary art must know about the economic dynamics of galleries and museology." (Bordwell zit. in Gomery 1992, S. XI) Autoren wie Gomery, Allen und vor allem Thompson, Staiger und Bordwell ist es zu verdanken, daß Filmgeschichte von einer Seite beleuchtet wird, die als sehr plausibel erscheinen mag. Auch beim Thema Independent Film verfolgen die meisten Autoren mehrheitlich immer noch einen ästhetischen Ansatz und beschreiben und beschreiten Filmgeschichte, indem sie Werke verschiedener Filmemacher vorstellen und sie einfach zeitlich einordnen. Sie alle folgen der *Masterpiece*-Tradition, wie sie Allen und Gomery benennen (vgl. Allen/Gomery 1985, S. 67ff): Quentin Tarantinos filmischer Weg beginnt mit seinem 'Meisterwerk' *Pulp Fiction*, Steven Soderberghs Leben findet dank *sex, lies, and videotape* den Weg in etliche Publikationen.[2]

---

2 Vielleicht auch deshalb verzichten viele Autoren auf einen klar definierten Gebrauch des Begriffs Independent: Die *Masterpiece*-Tradition (von der *auteur*-Theorie der französischen Nouvelle Vague stammend) beschreibt lediglich Filmemacher bzw. ihre Werke. Eine Definition von Independent scheint nicht relevant für die Ausführungen zu sein. Wobei sich doch auch hier die Frage stellt, wieso gerade Steven Soderbergh, David Lynch, die Coen-Brüder, Hal Hartley oder Richard Linklater als Independents verkauft werden? Und wieso wird Paul Thomas Anderson (*Boogie Nights, Magnolia*) bei Hillier (2001) als „Maverick" des amerikanischen Independent Kinos bezeichnet, jedoch bei Merritt (2000), dessen Buch ebenfalls „Mavericks" vorstellt, wortlos übergangen?

David Bordwell, Janet Staiger und Kristin Thompson hätten den Weg gezeigt. Ebenfalls Mitte der 80er Jahre publizierten die drei Autoren ein Buch, das Filmgeschichte begreift, wie es zeitgleich Allen und Gomery vorschlagen, und zum anderen seither von keiner anderen Publikation in ihrer Komplexität und Systematik übertroffen wurde. Das Buch *The Classical Hollywood Cinema* (1985) analysiert Hollywood unter vor allem ästhetischen, ökonomischen und technologischen Aspekten; die Autoren verstehen dabei Hollywoods Filmgeschichte – wie auch Allen und Gomery – als System, in dem sich die einzelnen Bestandteile gegenseitig beeinflussen. Sie schlagen die Brücke zwischen einem – so wie sie es nennen – „distinct artistic and economic phenomenon" (Bordwell / Staiger / Thompson 1985, S. XIII) und begründen ihre besondere Konzentration auf die Interdependenzen von ökonomischer und ästhetischer Filmgeschichte: „The relations between film style and mode of production are, we agree, reciprocal and mutually influencing." (Ebd., S. XIV) Sie wollen mit ihrem Werk nicht bloß Filmgeschichte betreiben, sondern auch einen Versuch starten: „[...] to articulate a theoretical approach to film history." (Ebd., S. XV) Ihr Buch beschreibt das klassische Hollywood (bis 1960) in Ästhetik (*style*) und Produktionsweise so akribisch umfassend, daß ein Versuch, eine andere Bewegung des amerikanischen Kinos auf dieselbe Art und Weise zu untersuchen, es sehr schwer haben würde. Ihr „theoretical approach" ist eine (zu) hohe Latte; vielleicht folgen auch deshalb die meisten Autoren lieber einer *Masterpiece*-Tradition.

Diese Arbeit folgt zwar einem (rein) ökonomischen Ansatz, aber da Filmgeschichte ein System darstellt und besonders Ästhetik und Ökonomie vielfach in ihrem Wechselverhältnis zu betrachten sind, werden auch hier – wie bereits in der Einleitung angedeutet – Seitenblicke zur Ästhetik nicht zu vermeiden sein.

„[...] the film historian attempts to explain the changes that have occured to the cinema since its origins, as well as account for aspects of the cinema that have resisted change", beschreiben Allen und Gomery die Ziele der Filmgeschichte. (Allen/Gomery 1985, S. 5) Die Verschmelzung von Independent Film und Mainstream ist zwar ein kleiner Ausschnitt aus der Geschichte Hollywoods, aber auch sie beinhaltet Veränderungen und gegebenenfalls Phänomene, die sich über längere Zeit halten. Diese ausfindig zu machen ist Ziel der Arbeit und geschieht durch Analyse der Distributions- sowie Produktionsweisen in Hollywood. Der

Begriff der Produktionsweise kann insofern mißverständlich sein, da er vielfach dafür steht, wie Filme *produziert* werden und daher eher Studien über *Produktions*firmen zuzuordnen wäre. Diese Arbeit untersucht *Distributions*firmen und daher – neben den Produktionsweisen (wie bereits erklärt wurde, sind viele Studios nicht nur in Verleih sondern auch in der Produktion tätig) – auch besonders *Distributionsweisen* der einzelnen Verleiher. Da jedoch der Begriff der Distributionsweise in der Literatur nicht genauer definiert ist (und auch nicht gebräuchlich ist), können die inhaltlichen Elemente des Begriffs Produktionsweise (englisch: *mode of production*) für die Zwecke dieser Arbeit übertragen werden. Allen und Gomery definieren *mode of production* als „the overall structure of production organization of a film". (Allen/Gomery 1985, S. 86f) Sie unterscheiden drei Modi der Produktion: „individual film production mode" (eine einzige Person ist ganz oder teils verantwortlich), „collective mode" (impliziert mehrere Personen, Entscheidungen werden von Gruppen gemacht) und „studio mode" (Massenproduktion von Film, wobei der Profit ein vorherrschendes Motiv darstellt, das Studio hierarchisch organisiert und die Produktion standardisiert ist). Nach Staiger (vgl. Bordwell/Staiger/Thompson 1985, S. 89f) – in Anlehnung an Karl Marx – beinhaltet *mode of production* folgende Elemente: „the labor force" (impliziert alle Arbeiter, die direkt oder indirekt in die Produktion involviert sind, und/oder alle physischen Mittel, um Filme zu machen), „means of production" (beinhalten physikalisches (Gebäude, Sets, etc.) und technologisches (Filmmaterial, Kameraausrüstung, etc.) Kapital sowie Fähigkeiten, mit diesem umzugehen) sowie „financing of the production" (Ziel der Produktion ist Gewinnmaximierung).

Und nun übertragen auf den Begriff der Distributionsweise bzw. *mode of distribution*: „individual film distribution mode" (bspw. wenn ein Film auf eigene Faust [oder mittels *Sales Agent*] an einem Festival gezeigt wird) „collective mode" (Gruppe), „studio mode" (Massendistribution von Filmen durch hierarchisch organisierte und in ihrer Praxis standardisierte Studios bzw. Distributoren), „labor force" (alle Arbeiter, die im Vertrieb/Verleih involviert sind), „means of distribution" (physikalisches Kapital [Gebäude, Vertriebswege, etc.] und Fähigkeit, mit diesen umzugehen [hierzu könnte auch Marketing zählen]) und „financing of the distribution" (Ziel des Vertriebs ist Gewinnmaximierung).

Es kann nicht jedes Element dieser Distributions- und Produktionsweisen diskutiert werden. Der Fokus liegt auf „studio mode" und „financing of the distribution *bzw.* production". Wie verhalten sich die Studios? Welche Gewinne machen sie? Wie sind die Verleihfirmen strukturiert? Wie produzieren und wie distribuieren sie? Zur Beantwortung dieser Fragen und zur Analyse der Distributions- als auch Produktionsweisen der Majors und Independents werden aktuelle Busineß-Daten (ab 1991) herangezogen (Kapitel 4). Diese dienen als historische Fakten, mit denen argumentiert werden soll. Sie sollen Aufschluß darüber geben, wie und ob sich die Distributions- und Produktionsweisen der untersuchten Firmen im Laufe der 90er Jahre verändert bzw. angeglichen haben. Im Versuch, objektiv und gültig Veränderungen und Verläufe argumentieren und belegen zu können, muß jedoch darauf hingewiesen werden, daß die Auswahl und Ergebnisse einer subjektiven Einschätzung unterliegen. „History is interpretation", meinen Allen und Gomery lakonisch. (Allen/Gomery 1985, S. 214)

Busineß-Daten unterliegen in Hollywood häufig der Geheimniskrämerei. Vor allem hinsichtlich Film-Budgets veröffentlichen die Studios keine Daten oder führen willentlich die Öffentlichkeit in die Irre, indem sie falsche Informationen verbreiten, um dadurch erst Diskussionen über einen Film in Gang zu bringen oder diese zu entschärfen. 1993 sagte Universals Tom Pollock treffend: „There are people who know what a film's budget really is and lie. And then there are those who don't know and guess." (Zit. in Variety vom 8. März 1993) Die Suche nach Daten wurde dadurch erschwert, daß verschiedene Quellen vielfach widersprüchliche Informationen veröffentlichen. So sind sich beispielsweise manche Quellen betreffend der *release dates* (also Startermine der Filme) nicht einig und verlegen den Kinostart gewisser Filme auf Monate (manchmal auch Jahre) früher oder später. Dies wird auf die Uneinigkeit darüber zurückzuführen sein, welches Datum tatsächlich als *release date* gilt: der Zeitpunkt, an dem ein Film zum ersten Mal auf einer US-Leinwand erscheint (kann also an einem einzigen Festivalabend geschehen) oder wirklich erst der Termin, an dem er üblicherweise in mehreren Kinos die Runde macht (und dort über mehrere Wochen gespielt wird – ein Filmstart im klassischen Sinne also). Vielfach werden Filmstarts auch etliche Male verschoben.

„[...] there is a huge amount of information out there, but scattered in many sources", beschreibt Kristin Thompon die Lage. (Email vom 15. Juli 2001) Es wurde in der Arbeit versucht, sich an einzelne, seriöse Quellen zu halten, die in der Branche und auch in der Wissenschaft als seriöse Informations- sowie auch Meinungslieferanten angesehen werden. Hauptquelle für viele Daten war die Zeitschrift Variety (bzw. auch *www.variety.com*), das vermutlich umfassendste Branchenmagazin in Hollywood und der gesamten Unterhaltungsindustrie. Das größte Datenarchiv im Internet, die Internet Movie Data Base (*www.imdb.com*), sowie Artikel und Specials aus *www.hollywoodreporter.com* (Webauftritt der US-Filmzeitschrift The Hollywood Reporter) und Filmjahrbücher wie Screen World, Variety International Film Guide und vor allem The Motion Picture Guide lieferten wichtige Informationen, mit denen gearbeitet wurde. Auf der Website *www.boxofficeguru.com* sind weitere hilfreiche Daten zur Ökonomie (*business data*) gesammelt.

Alle Daten beziehen sich auf den US-Markt (Einspielergebnisse, *release dates*, etc.), Herz der Industrie und Heimat der Studios. Die Distributionsweisen auf dem internationalen Markt unterscheiden sich stark vom nationalen Markt, so daß Verweise zum oder gar ausschließlich eine Konzentration auf den internationalen Markt für eine Beurteilung irreführend wären. Beispielsweise vertreiben Universal, Paramount und MGM/UA ihre Filme weltweit unter einem gemeinsamen Label: United International Pictures (UIP). (MGM/UA stieg im Jahr 2000 nach 30 Jahren aus diesem Verbund aus.) Ein Vergleich zwischen den Major Studios könnte hier gar nicht vollzogen werden. Zudem sind nicht alle Distributionsfirmen international tätig oder sie vertreiben ihre Filme auf internationaler Ebene durch andere Vertriebswege, sprich andere Distributionspartner.

2. Alles neu in Hollywood: New Hollywood als Überbegriff für eine Zeit nach der Studio-Ära

> „There have been, I know, a lot of new Hollywoods …"
> – *Jon Lewis, zitiert in: Contemporary Hollywood Cinema (1998).*

> „… if things are always 'new', nothing is ever really new."
> – *Justin Wyatt, in: Contemporary Hollywood Cinema (1998).*

2.1 Wann ist was 'neu' in Hollywood?

Genauso vielfältig wie die Diskussionen über Independent präsentiert sich der Gebrauch des Begriffs New Hollywood, und so wurden im US-Kino schon einige New Hollywoods ausgerufen. Derselbe Begriff steht vielfach gar für unterschiedliche Phänomene. Zudem herrscht auch Uneinigkeit über die Wortwahl. So finden sich in Literatur und Wissenschaft noch weitere beliebte Ausdrücke wie „postclassicism", „postmodernism", „new new Hollywood", „post-Fordism", „neoclassicism" usw.. Zwischen 1948 und 1960, so schreibt Gomery, hätten viele Ereignisse als *das* Zeichen gegolten, wodurch eine neue Periode in Hollywood ausgelöst wurde. (Vgl. Gomery 1998, S. 47) Und 1960 war die Diskussion noch lange nicht beendet: Die Suche nach *dem* New Hollywood hatte erst richtig begonnen.

1948 war ein Jahr, das die amerikanische Kinoindustrie prägte. Hollywood wurde von den Major Studios dominiert. Die sogenannten *Big Five* (Paramount, RKO, Twentieth Century Fox, Warner Bros. und MGM) kontrollierten alle wichtigen Märkte: Produktion, Distribution und Exhibition ihrer Filme (d.h. die Studios produzierten ihre Filme selbst, sorgten für deren Vertrieb und präsentierten sie in Kinos, die in ihrem Besitz waren). Zusammen mit den *Little Three* (Columbia, Universal und United Artists), welche im Gegensatz zu den *Big Five* über keine Kinoketten verfügten, stellten sie ein Oligopol dar, das nur durch eine staatliche Zerschlagung verhindert werden konnte. Im Jahr 1948 – nach zehn Jahren versuchter Zerschlagung – befand der US-Supreme Court die Majors für schuldig, zwischen 1934 bis 1947 ein Monopol praktiziert und ihre Stellung mißbräuchlich ausgenutzt zu haben. Sie wurden gezwungen, entweder ihre Distributionsschienen oder ihre Exhibitionsketten aufzugeben. Nahelegenderweise verzichteten die Studios auf ihre Kinoketten, da sonst die Kontrolle über ihre Produkte gänzlich verloren gegangen wäre. (Vgl. Cook 1996, S. 444) Diese Zerschlagung der marktbeherrschenden Stellung der Majors fand als *The Paramount Case, the consent decrees* oder vor allem als *The Paramount decrees*[3] den Weg in die Filmgeschichtsbücher.

Die Folgen hätten immens sein sollen. Da die Majors zu diesem Zeitpunkt – wie all die anderen, unabhängigen Studios auch – um die freien Leinwände in den Kinosälen kämpfen mußten, erwartete Hollywood eine neue Ära. Doch diese traf nicht ein. Es kam zwar zu einer erhöhten Filmproduktion in der Indie-Szene, doch die Majors trennten sich nur langsam von ihren Kinoketten und konnten ihre Machtstellung erhalten. Die erhöhte unabhängige Filmproduktion führte jedoch dazu, daß bei den Major Studios Filme immer häufiger in Form von 'Paketen' produziert wurden: Das *package-unit-system* löste schließlich das *producer-unit-system* ab, welches bis Mitte der 50er Jahre dominant war, und leitete damit das Ende der *Studio-System*-Ära ein. (Vgl. Bordwell / Staiger / Thompson 1985, S. 318) Das *package-unit-system* basiert auf Von-Film-zu-Film-Arrangements. Im Gegensatz zu der Produktionsweise des Studio-Systems, in der Filmschaffende (Schauspieler, Regisseure, etc.) vertraglich an die Studios gebunden und die Produktionsweise standardisiert waren, gab das neue Paket-System dem Studio größere Flexibilität (ein Produzent war nun nicht mehr auf studioeigenes physisches Kapital angewiesen, sondern konnte aus dem ganzen Film-Pool zur Verfügung stehender Akteure wählen) und eine Möglichkeit, Filme billiger zu produzieren. Die *Paramount decrees* hatten also doch ihre Wirkung gezeigt. In den 80er Jahren jedoch, wie weiter unten im Kapitel 4 ausführlicher besprochen wird, kauften sich die Studios Teile von Kinoketten zurück und dominieren auch heute in oligopolistischer Weise den US-Markt, auch wenn die unabhängige Filmproduktion weitaus größer ist als die der Majors.

---

3 Obgleich sowohl die *Big Five* als auch die *Little Three* in diesem Fall verwickelt waren, verweisen diese Begriffe nur auf die Paramount Studios, der Hauptangeklagten in diesem Fall.

Seit diesen *Paramount decrees* durchlebt Hollywood ständig Veränderungen: Baby-Boom-Generation mit der Auswanderung aus Städten (und folgendem Boom für Autokinos), Filme in Farbe, das Aufkommen des vermeintlichen Konkurrenten Fernsehen, europäisches Filmeschaffen, digitale Technik, Video und vieles, vieles mehr sind Einflüsse, mit denen sich das Kino auseinander zusetzen hatte oder auch sich zu eigen machen konnte, um Profit daraus zu ziehen. Sie alle veränderten Hollywood auf mehr oder weniger distinkte Art und Weise. Folgt(e) daraus aber einmal oder jedes Mal ein New Hollywood?

Der Begriff erwachte vor allem gegen Ende der 60er Jahre, als eine neue Generation (darunter die sogenannten *movie brats*) frischen Wind in die Kinosäle brachte (siehe Kapitel 2.2) und sich der Markt anschließend auf Erlebniskino stützte und stürzte (Kapitel 2.3). Bis dorthin dominierte immer noch das klassische Hollywood-Kino, in *style* und Produktion. Bordwell, Staiger und Thompson zeigen auf, daß Hollywoods Industrie seit Beginn des Feature-Films um 1915 in seiner Produktions- als auch Erzählweise klassisch war, vorangetrieben durch Normen und Standardisierungen besonders in den Produktionsweisen. „Hollywood makes *classical* movies to make money", ist die Einsicht der Autoren (Bordwell / Staiger / Thompson 1985, S. 367), und trotz aller Veränderungen durch die Jahrzehnte hinweg: „[...] the classical style remains the dominant model for feature filmmaking."[4] (Ebd., S. 370)

Mit einer Krise Ende der 60er Jahre war nach Ansicht vieler Filmwissenschafter und Filmemacher das klassische Hollywood beendet, die Zeit für ein New Hollywood, oder auch des postklassischen Kinos, war gekommen.

Der Begriff des postklassischen Kinos existiert schon länger. Krämer weist darauf hin, daß dieser Begriff erstmals 1959 erwähnt wurde, aber erst in den 70er Jahren 'akademisch adoptiert' wurde. (Vgl. Smith 1998, S. 10) Maltby: „Post-

---

4 Es soll hier nicht Ziel sein, das klassische Hollywood darzustellen und zusammenzufassen. Ich verweise auf das Buch. Zum besseren (wenn auch kleinem) Verständnis von klassischem Kino: Bordwell, Staiger und Thompson finden u.a. folgende Charakteristika im klassischen Hollywood-Kino (*style*): Erzählweise ist allwissend und omnipräsent; Charaktere sind zielgerichtet, werden von „cause-effect" vorangetrieben und sind konsistent in ihrer Darstellung; filmische Zeit funktioniert immer mit „deadlines", um nur einige Charakteristika zu nennen.

classical Hollywood describes the end result of the changes initiated by the Paramount decrees, the establishment of a new relationship with the television industry, and the switch of its attention to a younger audience." (Maltby zit. in Smith 1998, S. 10) Maltby beschreibt Postklassizismus als ein – für mich nicht nachvollziehbares – „end result". Hat sich seither denn nichts mehr verändert? Und wie ließe sich dieses 'Endresultat' beschreiben? Krämer definiert postklassisches Cinema so: „At the most basic level, this critical term is used to mark the end of the classical period in American film history, that is the disintegration or displacement of classical narration and of the studio system as the dominant forms of aesthetic and institutional organization within mainstream American cinema." (Krämer 2000, S. 63) Ein 'Endresultat' nach Maltby gibt es aber nicht: „Post-classicism does not refer to a complete break in American film history; rather the term is meant to highlight the fact that, despite overriding stylistic and institutional continuities, Hollywood has undergone a set of fundamental changes which deserve critical attention." (Ebd.) Postklassisches Kino verweist daher auf dieselbe Zeitspanne, für welche auch New Hollywood stehen soll: „The term 'New Hollywood' is now commonly applied to the American film industry since its financial crises of the late 1960s and early 1970s. […] Many people assume that the youthquake and the rise of the first auteurist generation of directors fundamentally changed Hollywood filmmaking." (Thompson 1999, S. 2) Die Autorin schreibt von Vermutungen („many people assume that …"), da sie sich selbst gegen postklassische New Hollywoods einsetzt und aufzuzeigen versucht, daß das klassische Kino immer noch andauert. Hillier bspw. verwendet in seinem Buch *The New Hollywood* (1992) den Begriff ebenfalls als Etikette für ein Kino nach der Ära des Studio-Systems.

Was nun aber macht 'neu' zu 'neu'? Und vor allem *wann* ist was neu? „Proper periodizing of Hollywood history after the coming of sound [1927; d. A.] remains an unsettled matter", gesteht Gomery. (Gomery 1998, S. 47) Gibt es daher überhaupt gültige Kriterien dafür, was als 'neu' angesehen werden kann? „[…] the study of a more systematic and productive periodization of Hollywood history begins with an examination of charges in Hollywood's business practice", versucht Gomery einen Vorschlag (ebd.) und beschreibt mit einer *Great-Man-*

Methodik⁵ zwei außergewöhnliche Männer des Showbusineß, die zwei Perioden in Hollywood während der zweiten Hälfte des 20. Jahrhunderts einläuteten. (Vgl. Gomery 1998, S. 48) Das erste New Hollywood begann mit Lew Wasserman, der bereits in den 50er Jahren mit einer Agentur Filmstars an Filmprojekte 'verkaufte' (*packaging*), 1962 die Universal Studios übernahm, das Studiogeschäft revolutionierte, indem er Filme mehrfach verwertete (Archive, Verkauf der Filme an TV-Stationen, etc.) und mit Massen-Werbung auf *prime-time*-TV-Stationen eine neue Form des Marketings forcierte (*Jaws – Der weiße Hai*, 1975). Das zweite New Hollywood Gomerys begann mit Steven J. Ross, der Wassermans Arbeit weiterführte und das Studio Warner Bros. zu einem vertikal integrierten Medien-Konglomerat formte, dessen Haupteinnahmequellen nun nicht mehr die Kinokassen waren, sondern sich auf die angrenzenden Märkte (*ancillary markets*) ausdehnten. All diese „Revolutionen" sind im Hollywood der 80er Jahre und auch heute in der alltäglichen Praxis von US-Filmstudios fest verankert, folgen dem gleichen Strang von Ansätzen und sind daher eher als *ein* einzelnes New Hollywood zu bezeichnen, nämlich das der Blockbuster-Generation, das im dritten Teil dieses Kapitels dargestellt wird.

Die anderen Autoren finden keinen Ansatz für eine Einteilung und Konkretisierung von New Hollywood. „Are the most important criteria those of changes in technology, narrative form, or the use of style?", geht auch Smith auf die Suche nach Kriterien. (Smith 1998, S. 6) „Should changes in the mode of production of film, or changes in their marketing, distribution and exhibition have greater priority? Is the positing of an 'epochal' transition only warranted by a global assessment in which all of these factors play a role and undergo change?" (Ebd.) Die Fragen gehen also weiter als eine *Great-Man*-Methode beantworten könnte. „[...] phrases such as the 'new Hollywood' or 'postclassical cinema' suggest rather more than an economic or industrial reorganization", beschreibt Tasker die Situation. (Tasker 1996, S. 213) „They suggest develop-

---

5 Die *Great-Man*-Theorie ist ein weiterer Ansatz filmgeschichtlicher Analyse. Wie das Wort schon verrät, werden hier Menschen, die im Filmbereich Außergewöhnliches geleistet haben – ob jetzt als Erfinder einer hilfreichen, neuen Technologie oder Pionier in Sachen Filmfinanzierung, usw. –, und deren Errungenschaften analysiert. Diese Methode geht konkret von Individuen aus, ist also streng akteursbezogen. Siehe dazu Allen/Gomery 1985, S. 110ff.

ments in the American cinema industry far-reaching enough to mark a new period of production." (Ebd.) Und genau dies dürfte das Problem sein. Bewegungen und Veränderungen in den letzten Jahrzehnten haben stattgefunden, wurden aber, so auch die Meinung von Smith, einfach überschätzt: „Rather than looking for a fundamental break between classicism and a putative post-classicism, we would do better to look for smaller-scale changes and shifts, at both the institutional and aesthetic levels, within a more broadly continous system of American commercial filmmaking." (Smith 1998, S. 14)

Veränderungen auf ästhetischer und institutioneller, d.h. also auch auf ökonomischer Ebene könnten Kriterien für ein New Hollywood, ein Begriff, der auf Großes verweist, sein. Eine Untersuchung im Ausmaß von *The Classical Hollywood Cinema* (vgl. Bordwell/ Staiger/Thompson 1985) zu Aspekten des postklassischen Kinos bzw. des (oder eines) New Hollywood wurde noch nicht gemacht, wie Smith anmerkt (vgl. Smith 1998, S. 5f); auch deshalb herrscht vermutlich noch Uneinigkeit und Unsicherheit darüber, wann der Modebegriff eingesetzt werden kann und wofür er genau steht. Zwei offensichtliche New Hollywoods wurden jedoch bereits ausgemacht, und um diese kreisen mehrheitlich die Diskussionen und Ausführungen (nicht nur) der Filmwissenschaft: Das New Hollywood zwischen 1968 und 1974 und das New Hollywood der Blockbuster-Generation.[6] Und auch wenn sich beide Hollywoods voneinander unterscheiden, wird in der Wortgebung kein Unterschied gemacht. New Hollywood dient als Überbegriff für eine Zeit nach der Studio-System-Ära und umfaßt viele Phänomene. Es verwenden allerdings leider nicht alle Autoren den Terminus ausschließlich als Überbegriff, sondern eben auch für 'kleinere' Phänomene dieser Zeit.

---

6 Die Aufsätze von Peter Krämer (2000), Yvonne Tasker (1996), Douglas Gomery (1998), Murray Smith (1998) und Thomas Schatz (1993) geben einen guten, kurzen Einblick in die Diskussion(en) rund um New Hollywood und sind als Einstieg in die Thematik zu empfehlen.

2.2 New Hollywood 1: Das ästhetische New American Cinema

Die Periode von 1968 bis 1974 war, nach Worten von Merritt, nichts weniger als „the most exiting time in the history of cinema". (Merritt 2000, S. 192) Was war geschehen?

In den 60er Jahren hinkte Hollywood vielen anderen (Film-)Ländern nach, kommerziell, ästhetisch und gar technologisch (letzteres wegen dem Konservatismus der US-Gewerkschaften). Die Besucherzahlen gingen aufgrund inflationärer Ticketpreise, immer einflußreicherer Fernsehangebote und aufgrund der steigenden Mobilität der Menschen zurück. Das Publikum ging einfach nicht mehr in dem gewohnten Ausmaß ins Kino, was dazu führte, daß die Major Studios in diesen Zeiten mit vermeintlichen Kassenschlagern immense Verluste hinnehmen mußten: *Dr. Dolittle* (1967) schrieb 11 Millionen Dollar Verluste, *Star!* (1968) 15 Millionen oder *Hello Dolly* (1969) 16 Millionen. (Vgl. Schatz 1993, S. 14) Das Jahrzehnt begann schon mit dem Flop *Cleopatra* (1963), ein vierstündiger Kostümschinken, der das produzierende Studio, Twentieth Century Fox, an den Rand des Ruins brachte. Der Streifen spielte nur die Hälfte seiner Produktionskosten (40 Millionen Dollar Einnahmen) ein. In Hollywood saß der Schreck nicht allzu tief und währte auch nicht lange, denn mit Fox' Erfolg *Sound of Music* (1965) (80 Mio. Dollar Einnahmen) blendeten sich die Studios selbst und erkannten nicht, daß sich die Zeiten geändert hatten. Die Studios produzierten weiterhin jene Art von Filmen, die sie bereits in den 40er und 50er Jahren machten, vorangetrieben durch die Erfolge ihrer *widescreen*-Filme. Währenddessen brodelte es im Hintergrund, und der Weg für eine Revolution wurde langsam aber sicher geebnet. Bernardoni nennt einige Bedingungen der 60er Jahre, welche eine Wende herbeiführten (vgl. Bernardoni 1991, S. 1ff):

- ein allmählich sterbendes Studio-System, welches es bisher unmöglich machte, artistische Freiheiten auszuleben;
- „an external crises" (damit meint er die 'Gefahr von außen', nämlich das Fernsehen, welches dem US-Kino immense Verluste bereitet);
- „the discontented masses" (gebildete junge Erwachsene brechen allmählich die außer Mode gekommenen sozialen Restriktionen);

- „the indispensable elite, the energizing advanced guard, the so-called 'movie generation'" (Menschen wachsen mit TV, Kino und Medien allgemein auf. Sie sind geschult in der Film- und Medienrezeption; viele von ihnen sind Hochschulabsolventen);
- „appearance in France of a new critical stance" (gemeint ist die französische Nouvelle Vague).

Dies alles waren wichtige Einflüsse. Besonders die beiden letztgenannten sind dafür mitverantwortlich, daß das amerikanische Kino-Publikum Box-Office-müde wurde und etwas neues, anderes, qualitativ besseres serviert bekommen wollte. Es wußte von den kreativen Phasen anderer Länder. Die Filmlandschaft war weltweit in Aufruhr. Die französische Nouvelle Vague hatte bereits ihren Höhepunkt erreicht. Auch die Bewegungen in Großbritannien (*Social Realism*) oder besonders Italien (zweite Italienische Film-Renaissance – Bertolucci, Fellini, Antonioni) hatten immensen Einfluß auf das Filmschaffen in aller Welt. Ingmar Bergman ist heute noch Aushängeschild der Skandinavier, die Namen Kurosawa und Ozu aus Japan waren weit gereist, und selbst Deutschland faßte sich nach dem Zweiten Weltkrieg und stand vor der Wende hin zum Neuen Deutschen Kino (Wenders, Fassbinder, u.v.m.). Und Hollywood? Hollywood war in den Startlöchern, nur wußte es noch niemand oder wollte es auch keiner wissen. Mittlerweile fand die theoretische und akademische Diskussion um Film auch ihren Weg in die Universitäten: Filmkurse wurden angeboten und immer mehr Studierende widmeten sich sowohl der theoretischen als auch praktischen Auseinandersetzung mit dem einzigartigen Medium. Sie sollten die Generation sein, die eine Wende herbeiführen würde. Auch Festivals, Cinematheken und Filmzeitschriften fanden immer größeren Zuspruch. Die politische Welt war ebenfalls in Aufruhr: Der kalte Krieg hatte erst begonnen, Martin Luther King Jr. und Robert Kennedy wurden ermordet, die unrühmliche Ära Nixon, der Vietnam-Krieg, aufkommender Protest der Studenten, Watergate-Skandal, Drogen und die Freie Liebe. All das rüttelte die Gesellschaft wach. Mitunter war da die Idylle von *Sound of Music* ein willkommener Fluchtort, aber wen interessierten sonst in solchen Zeiten Musicals oder Kostümschinken über die Antike?

Anfangs der 60er Jahre zeichneten sich bereits Vorläufer dieser cineastischen Revolution ab. Im Jahr 1960 wurde die New American Cinema Group von 23 Filmmachern, Produzenten, Schauspielern und Theaterintendanten gegründet, unter ihnen auch Indie-Maverick Peter Bogdanovich. In ihrem ersten Statement, welches sie im Sommer 1961 in einer Filmzeitschrift publizierten, schreiben und erkannten sie: „The official cinema ... is running out of breath, is morally corrupt, aesthetically obsolete, thematically superficial, temperamentally boring. ... The very slickness of their execution has become a perversion covering the falsity of their themes, their lack of sensitivity, their lack of style." (Zit. in Margulies 1998, S. 284) Im Stillen gingen sie ihrem unabhängigen Schaffen nach. Es würde nur noch wenige Jahre dauern, bis ihre Filme an der glänzenden Oberfläche der Majors kratzen.

Ein weiterer Dorn im Auge war der noch immer geltende *Production Code*, welcher im Jahre 1934 von der Handelsorganisation The Motion Pictures Producers and Distributors of America (MPPDA) (früher auch unter *Hays Office* bekannt; heute: Motion Picture Association of America [MPAA]) angewandt wurde und das Filmemachen v.a. am Anfang seiner Einführung inhaltlich stark einschränkte (der Code war quasi eine selbst auferlegte Zensur). Dieser *Production Code* blieb bis Ende der 60er erhalten, obwohl er bereits ab Mitte der 50er Jahre seine Wirkung verlor. (Vgl. Merritt 2000, S. 144ff oder auch Cook 1996, S. 280ff) Im Jahr 1953 brachte das Studio United Artists den Film *The Moon is Blue* in die Kinos, jedoch ohne Absegnung der Zensurbehörde. Das Dogma, daß Filme nur mit dem Siegel der MPDDA (in den fünfziger Jahren bereits MPAA) aufgeführt werden dürfen, war somit zerschlagen. Der Code blieb dennoch bestehen, wurde 1956 sogar noch angepaßt (vorherige Tabus wie z.B. Prostitution durften nun offiziell gezeigt werden), er hatte aber schon längst seine Wirkung und den nötigen Respekt verloren. Unzählige *(s)exploitation*-Filme waren die Folge (und verhalfen etwa Soft-Sex-Trasher Russ Meyer und seinen *nudie-cuties*-Filmen zu weltweitem Ruhm). Im November 1968 fiel der *Production Code* und wurde durch das neu eingeführte *rating system* ersetzt.[7]

---

7 Das Rating System sieht folgende Altersbeschränkungen vor (aktuellste Version, nicht ganz mit der ursprünglichen Version ident): G – General Audiences (all ages admitted); PG – Parental Guidance Suggested (Some material may not be suitable for children); PG-

Jetzt war auch die letzte Hürde gefallen, und da fast jedes Studio jährlich Verluste hinnehmen mußte und durch „'directional floundering' in search of a successful formula" (Maltby 1998, S. 32) gekennzeichnet und geschwächt war[8], kam die große Chance der Independents: *Bonnie and Clyde* (1967) und *The Graduate* (1968) konnten kommen. Erstgenannter Film (mit Faye Dunaway und Warren Beatty) machte Gewalt salonfähig, der andere (mit Dustin Hoffman) das Thema Sex. Beide Produktionen initiierten ein New Hollywood – oder auch das New American Cinema, wie es ebenfalls bezeichnet wird – was zu einer künstlerischen und experimentellen Vielfalt führte, wie sie Hollywood noch nicht gesehen hatte. Wer kennt nicht *Easy Rider*, *The Wild Bunch* (beide 1969) oder *Woodstock* (1970)? Filme, die den Geist des New American Cinema prägten und widerspiegelten. Horror-Filme wie *The Texas Chainsaw Massacre – Das Kettensägenmassaker* (1974), Porno-Streifen, angeführt von Altmeister Russ Meyer und den etwas expliziteren Filmen aus Schweden (beginnend mit *I Am Curious*, 1969) und sogenannte *Blaxploitation*-Filme (also *Black Film*) wie *Sweet Sweetback's Baadasssss Song* (1970) veränderten die amerikanische Kinolandschaft. „Independent film both led and followed the revolution", kommentiert Merritt. (Merritt 2000, S. 194) Kleinere Studios, so Wyatt, konnten nun aufblühen: „(1) by working with subject matter untouched by the majors and (2) by operating outside the traditional realm of the majors in terms of production." (Wyatt 1998, S. 67) Auch boten sich hinsichtlich Distribution immer mehr Möglichkeiten an. *Four-Walling* wäre bspw. eine Praxis, die auch in den 60er Jahren immer mehr aufgekommen ist. Hierbei mietet der Verleiher ein Kino (zur Gänze; für ein Wochenende oder mehr), und bringt dann seinen Film auf eigenes Risiko auf die Leinwand, ohne daß der Kinobetreiber Verluste macht. Mit *four-walling* kann

---

13 – Parents Strongly Cautioned (Some material may be inappropriate for children under 13); R – Restricted (Under 17 requires accompanying parent or adult guardian); NC-17 – No One 17 And Under Admitted.

8 Da die Studios ihr Publikum verloren hatten, waren sie auf der orientierungslosen Suche nach einer Formel, um es wieder in die Kinos zu locken. Zudem produzierten zu viele neue Firmen zusammen mit den alten zu viele Filme. „Bankers calculated that around the end of the 1960s, producers were spending approximately twice as much on production than the market could return to them." (Maltby 1998, S. 43)

man finanziell erfolglose Filme nochmals ins Kino bringen und diese Methode sehr zielgruppenorientiert einsetzen.[9]

Die Major Studios sahen indessen dieser Bewegung nicht wortlos zu. Die Filme des New American Cinema zeigten, daß hier Geld zu verdienen war, und so gaben sie vor allem jungen Regisseuren die Chance, ihre Filme auf eigene Faust zu produzieren; mit einer noch nie da gewesenen Freiheit an Kreativität. Die Studios boten sich schließlich als Vertriebsschiene an, um diese Filme in die Kinos zu bringen. Eine Praxis, welche vorhin in diesem Ausmaß nie denkbar gewesen wäre. Damals noch junge Regisseure wie Steven Spielberg (Jahrgang 1947), Francis Ford Coppola (1939), Paul Schrader (1946), Martin Scorsese (1942), Brian De Palma (1940), Oliver Stone (1946) oder George Lucas (1944) starteten im Laufe des New American Cinema ihre Karrieren. Als Absolventen von Universitäten, sie studierten also Film, begründeten sie eine neue Generation, die sogenannten *movie brats*, welche das US-Kino nachhaltig prägen sollte. Doch fälschlicherweise wurde und wird diese Generation vielfach immer noch als Retter des amerikanischen Kinos gefeiert, welche uns Filme wie *American Graffiti* (Lucas, 1973), *Jaws* (Spielberg, 1975), *The Godfather* (Coppola, 1972), *Apocalypse Now* (Coppola, 1979) und *Taxi Driver* (Scorsese, 1976) unter den cineastischen Weihnachtsbaum legten. Sie sind sicherlich außergewöhnliche Filmemacher, die uns auch heute noch mit Filmzuckerl wie *U-Turn* (Stone, 1997) oder *Bringing out the Dead* (Scorsese, 1999) verführen. Aber was ist mit *Stars Wars: Episode 1* oder *Jurassic Park*? Sind das die Nachkommen des New American Cinema, „the most exciting time in the history of cinema"? Merritts Freude über ein Aufleben der amerikanischen Kinokultur währte nicht lange.

---

9 Zum Verständnis: Die übliche Vorgehensweise, einen Film in die Kinos zu bringen, ist folgende: Der Exhibitor (also der Kinobetreiber) erhält den Film vom Verleiher/Distributor auf Leihbasis. Bei Blockbustern erfolgt die Aufsplittung der Einspielnahmen meist in einem 90/10-Verhältnis (90 Prozent dem Verleih, 10 Prozent dem Kino), wobei der Verleih dem Kinobetreiber die Bezahlung der Fixkosten garantiert. Die meisten Einnahmen für das Kino stammen von anderen Quellen wie Popcorn, Getränke, usw. Je länger ein Film in einem Kino läuft, um so mehr nähert sich das Verhältnis an (und ist am Ende bei mitunter 50/50, je nach Deal). Der Verleih behält schließlich meistens etwa 40 Prozent seiner Einnahmen (als Verleihgebühr) für sich, der Rest wird dann unter anderen 'Beteiligten' (z.B. Produzenten, Kreditgeber, ...) aufgeteilt. Für eine gute Übersicht über Abläufe im Film-Busineß siehe *The Movie Game* (Dale 1997) oder auch *The Motion Picture Industry* (Litman 1998).

Auch David Cook titelt in seinem Buch ernüchternd: „End of a Dream." (Cook 1996, S. 931) So plötzlich das New American Cinema eingeschlagen hatte, so schnell war es auch wieder verschwunden. Merritt und Cook geben der Bewegung selbst die Schuld, denn die expliziteren Filme (Horror, Sex, Trash) wiederholten sich immer wieder, verloren ihre Skandal-Wirkung und somit auch ihr Publikum. Zudem wurde diese *youth culture* rund um Drogen, Protest, Sex und Rock zusehends „disoriented and confused" (Cook 1996, S. 932), so daß die Studios wieder auf konventionellere Produkte und Produktionsweisen zurückgriffen. Trotzdem war das New American Cinema eine hoffnungsvolle Blüte, oder, wie Cook beschreibt: „[...] however briefly, a period of great creativity in the American cinema and contributed to the sweeping away of time-honored conventions of both form and content." (Cook 1998, S. 932f)

Bordwell und Staiger, die Verfechter des klassischen Kinos, argumentieren nachvollziehbar gegen diese New Hollywood-Generation der 70er Jahre (Scorsese, Schrader, auch Woody Allen oder Robert Altman), die auch als „youth culture" bzw. „youth revolution" bezeichnet wird. Sie argumentieren (vgl. Bordwell / Staiger / Thompson 1985, S. 372ff):

- Regisseure des klassischen Kinos waren auch nicht älter, als sie mit ihren Karrieren begannen (John Ford, King Vidor, Orson Welles, Roger Corman, Frank Capra, etc.).

- Diese New-Hollywood-Regisseure haben die Produktionsweise von Filmen nicht signifikant verändert.

- Die Narration ist nicht wirklich 'neu': „As the 'old' Hollywood had incorporated and refunctionalized devices from German Expressionism and Soviet montage [...], the 'New' Hollywood has selectively borrowed from the international art cinema." (Ebd.)

Die Autoren heben zwei Faktoren hervor, die gegen dieses New Hollywood sprechen:

1) „First, there is the almost complete conservatism of style. No recent American director has produced an idiosyncratic style comparable to even Truffaut's or Bergman's, let alone to that of Anoniono or Bresson." (Ebd.)

2) „Secondly, even the most ambitious directors cannot escape genres." Sie schließen daraus: „The New Hollywood can explore ambiguous narrational possibilities but those explorations remain within classical boundaries." (Ebd.)

Trotz unterschiedlicher Ansichten um dessen Bedeutung und Einfluß kann das New American Cinema mit Gewißheit als ein künstlerisches Aufleben der amerikanischen Film-Subkultur angesehen werden. Aus ökonomischer Perspektive hatte sich nicht viel verändert, die Major Studios schrieben zwar dunkelrote Zahlen, die Rettung kam aber von 'außen', von den Independents, und veränderte die Studios in ihrem Verhalten und Aufbau nicht wesentlich. Der kreative Ausbruch zwischen 1968 bis 1974 war vielleicht bloß eine Frage der Zeit, aber immerhin so stark, daß viele in dieser Bewegung ein neues New Hollywood sahen. Im Jahre 1975 hatten die Studios ihren Weg anscheinend wieder gefunden. Und genau diese *movie brats*, die ihren Ein- und Aufstieg der kreativen Periode um 1970 verdankten, begründeten das zweite, nächste New Hollywood, erstickten New Hollywood Nr. 1, denn man konnte zusehen, „how the mainstream film industry closed its door to the auteur". (Wyatt 1994, S. 73) Oder wie Merritt schreibt: „A giant, hungry shark officially marked the end of the American New Wave. Darth Vader obliterated it. Blockbuster mania was on." (Merritt 2000, S. 260)

Und war das New Hollywood 1 primär ein ästhetisches Phänomen, besticht das New Hollywood Nr. 2 in seinem ökonomischen Kalkül.

2.3 New Hollywood 2: Das ökonomische Blockbuster-Syndrom

Das 'zweite' New Hollywood wird der Blockbuster-Ära zugeschrieben, beginnend Mitte der 70er Jahre und charakteristisch für die „boom or bust"-Philosophie der Majors (Andrew 1999, S. 7), welche diese seit den 60er Jahren verfolgen: klassische Filme nach bewährtem Muster, entweder Top oder Flop. Nach dem kurzen kreativen Seitensprung des New American Cinema etablierte sich diese Philosophie zusehends, Hollywood machte wieder das, was es am besten konnte: „large-scale, grand filmmaking" (Wyatt 1994, S. 77); und das auf einem noch anspruchsvolleren Level. Hollywood krankte am „blockbuster syndrome" (Schatz 1993, S. 9): „[The banks] wanted pictures", so Peter Gubers Beschreibung dieser Periode, „with an 'upside potential' which meant roughly, Robert Redford and Paul Newman together, with Barbra Streisand singing, Steve McQueen punching, Clint Eastwood jumping, music by Marvin Hamlisch, all in stereo, on the wide screen, going out as a hard-ticketed road show where you have to book your seats, based on a #1 bestseller which was #1 for sixty weeks and a television show which was #1 for at least a season." (Zit. in Wyatt 1994, S. 77) Blockbuster sind also nicht bloß Unterhaltung, sie wurden zu „event movies" (Maltby 1995, S. 75) und in den 80er und 90er Jahren erst recht zum Erlebnis, als immer mehr Kino-Komplexe die Kinobesucher nicht nur mit bester Ton- und Bildqualität lockten, sondern auch mit gutem Abendessen beim Chinesen vor dem Film und einem Bier mit Live-Musik im Irish-Pub direkt nach dem Kinovergnügen. (Vgl. Gomery 1992) Und dies alles nicht einmal eine Gehminute voneinander entfernt. Der Film wurde Teil einer ganzen Erlebniskultur. Und diese Strategie hat Erfolg.

Gubers Beschreibung drückt mit Ironie aus, was Blockbuster-Filme ausmachen. Justin Wyatt definiert sachlicher: Ein Blockbuster ist „[...] a presold property (such as a best-selling novel or play), within a traditional film genre, usually supported by bankable stars (operating with their particular genre) and director". (Wyatt 1994, S. 78) In dieser Ära gilt der Regisseur nicht mehr als Künstler, sondern wird als Star gehandelt, deshalb nennt Schatz die Wende vom artistischen Kino des New American Cinema hin zum Blockbuster als „replacing the director-as-author with an director-as-superstar ethos". (Schatz 1993, S. 20)

Somit sind bereits einige Charakteristika dieses zweiten New Hollywoods erkennbar, welche verstärkt in den kommenden zwei Jahrzehnten die amerikanische Filmindustrie prägen sollten:

- Filme mit bekannte Namen (Stars, Regisseur, etc.);
- Film basierend auf bereits bekannter Vorlage (ob jetzt Buch, Comic, Realität oder selbst Film [Sequel]);
- Narration innerhalb bekannter Genres und klassischer Erzählweisen.

Die Blockbuster (wie wir vor allem im nächsten Kapitel sehen werden) zeichnen sich weiters verstärkt durch folgende Aspekte aus:

- angrenzende Märkte werden ausgenutzt (TV, Radio, Buch, ab den 80er Jahren: Video, ...);
- Merchandising;
- *Saturation Booking* (wird weiter unten erklärt);
- immer größerer Werbeaufwand / immer aufwendigere Marketingstrategien;
- höhere Produktionskosten.

Die Major Studios konzentrierten sich auf immer weniger Filme. 1970 brachten sie noch insgesamt 151 Filme ins Kino, 1973 fiel die Produktion auf 131 Streifen, Mitte der 70er fiel die Gesamtzahl erstmals unter 100 (95 Filme) und erreichte 1977 einen Tiefpunkt mit 84 Produktionen. (Vgl. Wyatt 1994, S. 79) Cook zählt zu der Zeit ca. 3.000 Filmemacher; dieser Zahl stehen die jährlich zu produzierenden 80 Major-Filme gegenüber. (Vgl. Cook 1996, S. 93ff) Die Studios setzten daher auf bekannte Namen. Neuere Talente fanden in diesen Zeiten für ihre Experimente keinen Platz. Das Verhalten der Studios – sich auf wenige Filme zu konzentrieren – führte dazu, daß Hollywood noch mehr Geld in die einzelnen Filmprojekte steckte. Hollywood wurde hit-orientiert und verringerte mit dieser Blockbuster-Strategie das Risiko, daß ein Film an der Kinokasse flopte. Die Produktionskosten schossen in die Höhe: 1975 lagen die Durchschnittskosten für eine Major-Produktion (Filmbudget und Marketing) bei 3.1 Millionen Dollar, 1979 bei 7.5 Millionen und im Jahre 1984 bereits bei 14.4 Millionen Dollar. Der finanzielle Aufwand für Marketing begann vielfach bereits das Budget einzelner Filme zu überschreiten. Die Produktion von *Alien* (1978) kostete 10.8 Millionen Dollar, 15.7 Millionen wurden jedoch für Werbung aufgebracht. (Vgl. Maltby 1998, S. 35) Die angrenzenden Märkte wurden immer wichtiger: *Star Wars* (1977) spielte 500 Mio. Dollar ein, aber die Einnahmen aus den angrenzenden Märkten (*ancillary markets*) beliefen sich in den 80er Jahren auf 1.5 Milliarden jährlich. (Vgl. ebd., S. 24).

Mit Spielbergs *Jaws – Der weiße Hai* (1975) wurden weitere zwei Praktiken (wieder-)eingeführt, welche sich Hollywood in Folge zu eigen machte: „satura-

tion booking" und *„mass-saturated advertising on prime-time television"*. (Vgl. Gomery 1998, S. 51) *Saturation booking* beschreibt eine Distributionsweise, bei der ein Filmverleih einen Film zeitgleich auf einer größtmöglichen Anzahl Leinwänden in die Kinos bringt. Bereits im Jahr 1959 eröffnete Joe Levine den italienischen Film *Hercules* in 600 Kinos. Damals dachten alle, er sei verrückt. Mit *Jaws* erlebte diese Art von Distribution seine Wiedergeburt: der Film spielte am ersten Wochenende in 460 Kinos des US-Marktes. (Vgl. Dale 1997, S. 32) Üblicherweise 'reisten' Kinofilme von Stadt zu Stadt, über eine Zeitspanne von mehreren Monaten hinweg. Massenmarketing auf TV-Stationen vor allem kurz vor dem Kinostart sollte für zusätzlichen Aufruhr um den Film sorgen. *Jaws* war zudem der erste Film, dessen TV-Rechte noch *vor* seinem eigentlichen Kinostart verkauft worden waren.

All diese Charakteristika und Praktiken der Majors sind gegen Ende der 70er Jahre verstärkt aufgetaucht, leiteten die Blockbuster-Ära ein und begleiteten diese. In den 80er Jahren drehte sich die Spirale weiter: immer höhere Produktionskosten, immer größerer Werbeaufwand, *saturation booking* wurde zur Tagesordnung, zudem spielen die Majors ihr Geld mittlerweile hauptsächlich aus angrenzenden Märkten ein und wurden selbst Teil von Medienkonglomeraten und Unterhaltungsimperien. Die Wende hin zum Blockbuster war also nur der Anfang. Kapitel 3 dieser Arbeit beschreibt die Entwicklungen Hollywoods der 80er Jahre sowie die Strategien, nach denen Hollywood-Filme produziert wurden und werden. New Hollywood Nr. 2 endete nicht, es hat sich nur verändert, angepaßt, und lebt in noch massiverem Ausmaß weiter.

Im Gegensatz zur „youth revolution", die dem New American Cinema zum Aus- und Durchbruch verhalf, wurde das New Hollywood der Blockbuster-Ära von den Studios initiiert. Die revolutionierenden 60er waren vorüber, mit Filmen wie *Jaws* und *Star Wars* hatte man sein Publikum wieder gefunden und somit auch den Weg zu einer gewinnorientierten Produktions- als auch Distributionsweise. Die Major Studios kontrollierten wie zuvor den Markt, und die Box-Office-Zahlen bestätigten sie in ihren Strategien.

Es ist interessant anzumerken, daß ausgerechnet die erfolgsversprechenden *movie brats* die Blockbuster-Ära forcierten. „The seventies' movie brats like George Lucas, Steven Spielberg, and Francis Ford Coppola might have started small", kommentiert Pierson. (Pierson 1995, S. 8) „However, they quickly found themselves creating the blockbusters that permanently changed the studio system." (Ebd.) So sehr sie das New American Cinema mitgestalteten: Keiner dieser Autoren – mit Ausnahme von Stanley Kubrick – , so schreibt Cook, „has since made a film that truly equals in stature his contribution to the late-sixties groundswell". (Cook 1996, S. 932) Und solche, die sich treu blieben – wie David Lynch und Robert Altman – feiern an den Kinokassen schon lange keine Erfolge mehr. Ihre Filme sind zum Teil nur noch in Cinematheken anzufinden, wo eine kleine Fangemeinde sie schließlich zu Kult werden lassen. Es soll hier aber nicht der Eindruck vermittelt werden, daß diese Regisseure und deren Werke aussterben, keine Bedeutung hätten, vom Mainstream gänzlich verdrängt werden oder sich ihm gänzlich angepaßt haben. Sie beeinflußten mit Sicherheit eine Reihe junger Filmemacher – John Pierson nennt sie „art-film brats" (Pierson 1995, S. 7) –, welche unter dem Einfluß der *movie brats* aber auch dem europäischen Kino stehen und im derzeitigen Hollywood als Hoffnungsträger betrachtet werden: Quentin Tarantino, Nick Cassavetes, Steve Buscemi, John Torturro, Ted Demme, Sean Penn, Abel Ferrara, Robert Rodriguez, Paul Thomas Anderson, u.v.m. (Vgl. Levy 1999, S. 102ff) Sie sind auch diejenigen, die zur Verschmelzung von Independent und Mainstream beitragen bzw. beigetragen haben und diesen Trend repräsentieren.

2.4 Ausblick: Kommt New Hollywood 3?

Die Charakteristika der beiden New Hollywoods überblickend, wird ein Unterschied zwischen dem New Hollywood der Blockbuster und dem der kreativen Periode von 1968 bis 1974 ersichtlich: Letztgenanntes besticht vor allem durch kreative Freiheit, in ästhetischer und thematischer Hinsicht (und wurde auch deswegen geschätzt und bejubelt); das erstgenannte fußt auf einer ökonomischen Grundlage: Es ist nicht wichtig, *welche* Filme ins Kino kommen, sondern *wie* diese Filme ins Kino kommen (*saturation booking*, Marketing, Merchandising-Artikel als zusätzliches Erlebnis, etc.) und *wie* diese Filme gemacht werden

(Standards und Normen in Narration, Genre, etc. – wie bereits im klassischen Kino üblich, daher nicht wirklich neu[10]), so daß sie ökonomisch erfolgreich sind. Die beiden Hollywoods lassen sich also als ...

- das ästhetische New Hollywood des New American Cinema, und als
- das ökonomische New Hollywood der Blockbuster ...

charakterisieren. Das New Hollywood der Blockbuster lebt weiter, das New American Cinema verwelkte nach nur kurzer Blüte. Mit dem ausgerufenen Aufstieg des Independent Films gegen Ende der 80er Jahre könnte ein New American Cinema jedoch wieder aufleben. „[...] the New Hollywood has been refigured in industrial, aesthetic and institutional terms", so sieht Wyatt in *The Contemporary Hollywood Cinema* den gegenwärtigen Wandel. (Wyatt 1998, S. 87) „Are we possibly on the verge of a new era?", fragt sich Gomery in derselben Publikation (S. 55), antwortet jedoch: „I think not!" Es gebe keine Anzeichen für einen Wandel und die Studios hätten ihre Ökonomie im Griff wie nie zuvor. Wandel ja oder nein?

Kapitel 3 und 4 sollen darstellen, ob ein Wandel stattfindet oder nicht, und wenn ja: Was charakterisiert diesen Wandel? Kapitel 5 greift die Frage nach einem New Hollywood wieder auf und diskutiert, ob ein New Hollywood Nr. 3 absehbar (oder bereits eingetroffen) ist oder ob sogar die beiden oben besprochenen New Hollywoods in der Verschmelzung zwischen Independent und Mainstream eine neue Form der Verschmelzung eingehen und somit eine Vereinigung und Mischform des ästhetischen Hollywoods von 1967-1974 mit dem ökonomischen

---

10 Thompson argumentiert, wie ihre Kollegen Bordwell und Staiger, daß sich inhaltlich und thematisch nichts änderte: „What happened in the mid-1970s was not a shift into some sort of post-classical type of filmmaking. Rather, some of the younger directors helped to revivify classical cinema by directing films that were widly successful. The three most significant of these were *The Godfather*, *Jaws*, and *Star Wars*, and it is hard to imagine films more classical in their narratives. They perfectly exemplify how Hollywood continues to succeed through its skills in telling strong stories based on fast-paced action and characters with clear pychological traits." (Thompson 1999, S. 8) Diese actionbeladenen Filmspektakel, bestenfalls angereichert durch Special-Effects, waren für einige Autoren Grund genug zu erkennen, daß in diesen Zeiten der Blockbuster das 'Narrative' an Bedeutung verloren hat und den Effekten und dem Spektakel weichen mußte. Smith jedoch sieht weiterhin eine starke Narration in Blockbustern, die Effekte wurden lediglich „narrativized", dienen also selbst als Narration. (Smith 1998, S. 13)

New Hollywood ab 1975 darstellen. Mitunter sind diese Entwicklungen – auf sowohl ökonomischer als auch ästhetischer Basis – von so großem Einfluß, daß Hollywood dadurch einen durchschlagenden Wandel erlebt.

3. Hollywood Mainstream weltweit

> „When television started in the 1950s, there was a strong view that that was the end of Hollywood. When cable came, we thought that would kill our sales to the networks. None of these thingss happened. Every time the market expands, the combination is greater than before. After all, it should be immaterial to Hollywood how people see its product so long as they pay."
>
> – *Ein Produzent im Jahr 1983, zitiert in: Hollywood Cinema: an introduction (1995).*

3.1 Das Blockbuster-Syndrom infiziert die 80er: High Concept

Die Blockbuster-Strategie machte sich bezahlt. Die Krise um die Wende anfangs der 70er Jahre schien überwunden. Die Menschen gingen wieder ins Kino, die filmischen Produkte fanden offensichtlich ihr Publikum wieder. Hollywood 'litt' am erfolgversprechenden Blockbuster-Syndrom. Die Majors verfolgten die Strategie, welche sie Ende der 70er Jahre eingeschlagen hatten, und dies mit noch systematischeren Kalkül. Der Begriff Blockbuster fand in den 80er Jahre einen ehrenwerten Nachfolger: *High Concept*. Justin Wyatt, ehemals Marktforscher der Filmindustrie und seither Universitätsprofessor, machte den Begriff populär, als er in seinem gleichnamigen Buch *High Concept* (1994) eine augenscheinliche Analyse der Hollywoodfilme der 80er Jahre durchführte und dabei die berechnende Kommerzialisierung dieser filmischen 'Produkte' aufzeigen konnte. Auch er sieht in *High Concept* die Weiterführung der Philosophie der Blockbuster: „Indeed, high concept can be viewed as a progression from the blockbuster." (Wyatt 1994, S. 80)

Der Begriff ist jedoch nicht neu. Bereits in den 70er Jahren fand er Verwendung, orientierte sich aber an Phänomenen im TV-Bereich. Der Begriff wurde schließlich vor allem von der Presse übernommen und steht für das Urteil über Hollywood, Filme zu produzieren, die mit großer Wahrscheinlichkeit die Kinos und Kassen füllten. *High Concept* wurde somit auch immer öfters mit phantasielosem, effekthaschendem Hollywood-Mainstream gleichgesetzt, und wann immer dieser Ausdruck heute fällt, impliziert er – vor allem in Presse und bei Kritikern

– „schlechte Filme". Für die Studios hingegen ist *High Concept* ein wahrer Segen und eine geniale Erfindung schlechthin.

Wyatt schreibt, *High Concept* wurde zuerst mit Barry Diller, Programmchef des TV-Senders ABC anfangs der 70er Jahre, assoziiert. (Vgl. Wyatt 1994, S. 8f) Um gegen die damals vorherrschende Einschaltquotenflaute anzukämpfen, forcierte Diller das *made-for-television movie*-Format. Er wollte Geschichten, die in einem 30-Sekunden-Spot und/oder kurzen wenigen Sätzen zusammengefaßt werden konnten, um effizientes Marketing in TV (Trailer) und Print (Anzeigen, Synopsis für TV-Zeitschriften) betreiben zu können. Der wirkliche Ursprung des Begriffs ist jedoch unklar; und wenn er erst anfangs der 90er Jahre von Wyatt auf das Kino bezogen sowie umfassend diskutiert und definiert wurde, beschrieb und erkannte bereits Steven Spielberg 1978 – ohne den Begriff zu verwenden – welche Filme in nächster Zeit Hollywood dominieren würden: „What interests me more than anything else is the idea [eines Films; d. A.]. If a person can tell me the idea in twenty-five words or less, it's going to be a good movie." (Zit. in Schatz 1993, S. 33) Das hier dazugehörende Schlagwort ist „Vermarktung". Wyatt definiert die Wesensmerkmale von *High Concept*: „[...] high concept can be considered as a form of differentiated product within the mainstream film industry. This differentiation occurs in two major ways: through an emphasis on style within the films, and through an integration with marketing and merchandising." (Wyatt 1994, S. 7) Stars, klassische Genres, und eine dem Genre typische Charakterisierung der Protagonisten sind bspw. Elemente von „style"; Synergien mit anderen Märkten (bspw. zwischen Musik und Film) sollen den Film zusätzlich finanziell rentabel machen. Dies alles ist aber nur gewinnbringend, wenn Spielbergs Erkenntnis Rechnung getragen wird. Ein Film muß in einem Satz zusammengefaßt werden können, oder, wie Wyatt schreibt „reduced to a publicity still" (Wyatt 1994, S. 36) und er nennt dies die „reduction to a tool of marketing". (Ebd.) *High Concept* zielt daher auf „Vermarktung" ab: Ein Film kann auf der Basis eines einzelnen Satzes nicht nur zusammengefaßt werden, sondern auch *verkauft* werden. Und er verkauft sich am besten mittels Stars, gewohnter, aber differenzierter Ästhetik, klassischer Genres, einfacher Handlungen, TV-Spots und Plakaten, die mit einem einzigen Bild das ganze Wesen des Filmes vermitteln können. Das Filmposter zu Steven Spielbergs *Jaws* bspw. (eine nackt schwimmende Frau wird gleich von einem auftauchenden Hai von furchteinflößender Größe und Gestalt attackiert) reduzierte diesen Film auf ein einziges Bild bzw. Statement, welches in den Medien verbreitet wurde: der Kampf des Guten, welches unschuldig im Wasser planscht, gegen das Böse, das grausam aus der geheimnisvollen Tiefe des Wassers zuschlägt. Wenn wir uns die Vermarktung aktueller Filme vor Augen führen, erkennen wir, daß Hollywood immer noch mit einfachen Statements arbeitet: So etwa das Filmposter für *Independence Day* (1996) mit dem überdimensionalem Ufo der Aliens (Bedrohung von außen) über dem Weißen Haus (Symbol für die Weltmacht), oder das Filmplakat zu *Pearl Harbor* (2001), welches eine vorüberziehende japanische Fliegerschwadron (Bedrohung) zeigt, die über den Kopf einer überraschten und offensichtlich beängstigten Frau hinwegzieht, die gerade ihre Wäsche im Freien aufhängt („Es geschah an einem Sonntagmorgen ..."). Dieses eine Statement geht durch alle Medien, setzt sich in den Köpfen der Rezipienten fest und macht Lust auf Merchandising-Artikel und Produkte angrenzender Märkte (Bücher, Comics, CDs, etc.), die sofort erkannt und mit dem Film bzw. Statement assoziiert werden. *High Concept* ist eine Vermarktungsstrategie. Gekoppelt mit den Charakteristiken des Blockbuster-Syndroms (*saturation booking*, höherer Werbeaufwand, etc.) wird sie zur neuen Waffe der Hollywood-Majors. Was zählt, ist den *must-see*-Faktor eines Films zu erhöhen, oder wie Wyatt es beschreibt, ein „high awareness" und „want-to-see interest" (Wyatt 1994, S. 113) zu wecken. Die Folge: die Blockbuster-Spirale dreht sich immer weiter. In den 80er Jahren lagen die Werbekosten durchschnittlich bei 12 Millionen Dollar, in den 90er bereits bei 35 Millionen. (Vgl. Balio 1998, S. 59) Die durchschnittlichen Produktionskosten eines Films (*negative costs*, also exklusive Werbemittel) kletterten von 9.4 Millionen im Jahr 1980 auf 26.8 Millionen Dollar im Jahr 1990. (Vgl. Schatz 1993, S. 26) Der Grund liegt an den immer aufwendigeren Special-Effekten und vor allem immer weiter steigenden Kosten für Schauspieler und Stars (die nun fast alle von Talentagenturen verkauft und vermarktet werden). *Saturation booking* ist in den 80er Jahren fast schon Pflicht, denn zum einen muß man – nach erfolgreicher Marketing-Strategie – so viele Besucher wie möglich 'schlucken'; und zum anderen ermöglicht *saturation booking*, gegen ein weiteres Merkmal der 80er Jahren anzukämpfen: den *fast burn* mancher Filme (also großer Auftritt, aber schnelles Verschwinden im Programm der Lichtspielhäuser), v.a. von Blockbustern. Schatz macht den Vergleich zwischen Steven Spielsbergs *E.T.* (1982) und Tim Burtons *Batman* (1989), beides Blockbuster sondergleichen:

Abbildung 1
Fast Burn von Blockbuster-Filmen
Wocheneinspielergebnisse in Millionen US-Dollar

Woche	1	2	3	4	5	6	7	8	9	10
E.T.	22	22	26	24	23	23	19	19	16	15
Batman	70	52	30	24	18	13	11	8	5	4

Quelle: Schatz 1993, S. 27

E.T. spielte wöchentlich zwischen der dritten und sechsten Woche mehr Geld ein als in der Startwoche. Im Zeitalter des *saturation booking* verläuft die Einspielkurve anders: Man feiert den größten Box-Office-Erfolg am ersten Wochenende. Danach fallen die Zahlen rapide, wie das im Fall von *Batman* deutlich zu erkennen ist. Besonders ein in den Medien schlecht bewerteter Film und/oder ein Film mit negativer Mundpropaganda bricht bei den Einspielergebnissen stark ein, vermeidet jedoch mit der Strategie des *saturation booking* ein finanzielles Desaster. Man *muß* die Besucher am ersten Wochenende ins Kino locken, um einer möglichen negativen Mund-zu-Mund-Propaganda zuvorzukommen. Dieses Marketingdenken führt Hollywood zur Jahrtausend-Wende zunehmend ad absurdum führte (siehe nächstes Kapitel).

High Concept ist also mehr als nur ein 'Konzept'. Es ist eine Strategie, die sich zielgerichtet dem Markt bzw. den Märkten anpaßt, um bestmöglich Profit zu machen. Smith faßt zusammen: „A high-concept film is one which places a great emphasis on style and 'stylishness', revolving around a simple, easily summarized narrative based on physically typed characters, which in turn affords striking icons, images and snappy plot descriptions as marketing 'hooks'. The high-concept film is heavily reliant upon stars, and gives great prominence to its soundtrack (usually a mixture of original scoring and pop songs), which is marketed separately as one or more soundtrack albums associated with the film [...]. In addition, music videos often rework aspects of the film in order to promote both the film and the music." (Smith 1998, S. 12) Ist das nicht Hollywood, so wie wir es kennen? Auch wenn Justin Wyatt die Jahre 1983 bis 1986 als „the heyday of high concept" betrachtet (Wyatt 1994, S. 164), orientieren sich vor allem die Majors auch in den 90er Jahren stark (und nur?) an dieser Strategie. Erst recht in einer Industrie, in der „niemand Bescheid weiss", so der oft zitierte Spruch von Drehbuchautor William Goldman (vgl. Goldman 1999, S. 56), klammert sich Hollywood an Strategien, die sich bezahlt machen. Filmemachen ist zwar immer noch Glücksache, mit *High Concept* versucht man jedoch – teils erfolgreich, teils nicht, aber am Ende bleibt meistens ein Gewinn – das Risiko einzudämmen.

„[...] high concept represents one strand of post-classical Hollywood cinema: a style with strong ties to the classical cinema, yet with some significant deviations in terms of composition"[11], schreibt Wyatt (Wyatt 1994, S. 16), relativiert und unterschätzt dabei jedoch die Wirkung von *High Concept* bzw. der Blockbuster, wenn er *High Concept* nur als *eine von vielen* Möglichkeiten postklassischen Filmemachens nennt: „Perhaps it is best to consider high concept as only one aesthetic and economic way in which cinema has developed after the classical period." (Wyatt 1994, S. 18) *High Concept* ist nicht nur *eine* beliebige Strategie, sie ist *die* Strategie, die das Hollywood der 80er Jahre und auch der 90er Jahre prägte und das Filmgeschäft dominierte. *High Concept* ist ein sowohl ökonomisches als auch ästhetisches Phänomen. Das New Hollywood der Blockbuster hält sich weiterhin hartnäckig. Wo bliebe denn eine Alternative, die genauso viel Geld bringt?

---

11 Wyatt zieht hier eine Verbindung zum klassischen Kino, meint aber, es gäbe signifikante Abweichungen. Thompson beschreibt diese Abweichungen jedoch als „intensifications of Hollywood's traditional practices" (Thomspon 1999, S. 3) und argumentiert: „First, many Hollywood films of all eras have been based on ideas that could be simply summarized. [...] As for synergy, the big Hollywood firms have always been driven by market considerations. Marketing and publicity tie-ins go back to the 1910s and have grown steadily in importance." (Ebd.)

3.2 Hollywoods weltweite Markdurchdringung: Film als Startprodukt

Der Begriff *High Concept* impliziert bereits, daß Hollywood nicht nur mit dem Produkt Film Geschäfte macht. Synergien mit anderen Märkten werden gesucht, und *promotional tie-ins* sollen zum einen zusätzlich Geld bringen und zum anderen den Film zum Gesprächsthema machen. Schon längst sind die so genannten *ancillary markets*, also die angrenzenden Märkte, ökonomisch genauso vielversprechend, wenn nicht sogar gewinnbringender als das Filmprodukt selbst. Vielfach kommt ein Film erst mit dem Profit aus diesen Märkten in die Gewinnzone. Und im Rahmen der Globalisierung und weltweiten Konglomerate beschränkt sich die amerikanische Filmindustrie nicht nur mehr auf den nationalen Markt, sondern zielt massiv auf die Verwertung in anderen Ländern ab. Ein US-amerikanischer Film holt heutzutage bis zu 90 Prozent seiner Einnahmen auf dem internationalen Markt. Ein Flop in Nordamerika muß nicht bedeuten, daß der Film 'gestorben' ist. Hollywood denkt global. In den 80er Jahren kontrollierten die Studios nicht nur die angrenzenden Märkte, sondern griffen wieder in monopolistischer Weise in die Filmgeschäfte ein. Produktion und Distribution werden bereits seit Jahrzehnten von den Majors dominiert. Jetzt starten sie erneut Versuche, sich vertikal zu integrieren, d.h. sie versuchen, auch Kinoketten zu besitzen, um schließlich die ganze Wertschöpfungskette eines Films, von Produktion bis hin zur Exhibition, kontrollieren zu können. 1987 betrug der Marktanteil (Distribution) der Majors 89.2 Prozent, 1992 lag er bei gar 98.7 Prozent! (Vgl. Wasko 1994, S. 42) Das Oligopol lebt wieder auf und Hollywood wird stärker als je zuvor: „The Majors are the focal point of the world's premium media industries. They have a share of 80 % in film, 70 % in television fiction and 50 % in music. In the US they also have an 80 % share of pay-TV and 40 % of books and magazines." (Dale 1997, S. 19) Angesichts dieser Dominanz wird es immer schwieriger für andere, kleinere Studios, sich in diesem Markt durchsetzen zu können. Viele Studios gingen in den 80er Jahren unter (siehe Kapitel 3.3). Die Majors halten ihre Stellung mit Hilfe von „tools of risk management", wobei Dale dabei folgende *tools* bzw. Strategien der Majors benennt (vgl. Dale 1997, S. 21ff):

- *barriers to entry*: Nur gewisse Studios können unter die Top-Firmen kommen. Kriterien wären z.B. große Archive oder die Möglichkeit, eine große Menge von Filmen im Jahr zu produzieren. Litman nennt z.B. auch „high degree of conglomeratness" oder auch „product differentiation" als *barriers to entry* (vgl. Litman 1998, S.31);
- *vertical integration* (Kontrolle über Produktion, Distribution und Exhibition);
- *diversification* (Synergien, Franchises);
- *portfolio strategy* (unterschiedliche Labels, *Locomotives* [= Mega-Budget-Filme, die ihr Geld sicher einspielen]);
- *Quality Control* (bis zum *green light* einer Filmproduktion durchläuft der Entscheidungsprozess eine Reihe von kritischen Stufen);
- *Research and Development* (Filme werden *entwickelt*, auch während der Produktion werden laufend Änderungen gemacht, die sich den Bedürfnissen der Zuschauer anpassen sollen. Deshalb gibt es in Hollywood viele Filmideen, die jedoch nie verwirklicht werden. Sie landen in der *development hell*.);
- *Proven talent* (Hollywood greift auf Stars und erprobte Künstler zurück);
- *External Suppliers* (Deals, Kooperationen);
- *Cost Control*;
- *Marketing*;
- *Exports*;
- *Off-Balance-Sheet Financing* (= sich z.B. steuerliche Vorteile zu verschaffen, indem viele Produktionen bspw. nach Kanada verlegt werden);

und

- *Cross-Collateralization* (dieser Begriff umschreibt den Umstand, daß die Gewinne eines Films für die Verluste anderer Filme aufkommt; am Ende der Rechnung bleibt ein Gewinn bzw. halten sich Gewinne und Verluste das Gleichgewicht).

Die 80er Jahre waren gekennzeichnet von einer starken Ökonomisierung der US-Filmindustrie, wodurch sich die oben genannten Charakteristika durchzusetzen begannen. Das manifestierte sich sowohl in einer ökonomischen als auch ästhetischen Formel der Produkte (*High Concept*). Hollywood produziert „event films designed to feed their corporate empires", schreibt Lyons. (*www.variety.com, Fickle B. O.*) Die folgenden Unterkapitel der Arbeit beschäftigen sich mit Bewegungen innerhalb der Filmindustrie in den 80er Jahren. Hollywoods *High Concept* wurde ausgebaut, wurde durch Zusammenschlüsse und Konglomerate zum globalen Phänomen und machte Film zum Startprodukt einer Industrie, die sich nun auf *alle möglichen gewinnbringenden* Märkte ausweitet.

3.2.1 Vom Film- zum Medien- und Alltagserlebnis

3.2.1.1 Konglomerate und Fusionen

Die Globalisierung erfaßte Hollywood. Die Mega-Industrie, die Geschäfte mit Milliarden macht, konnte sich nicht isolieren. *High Concept*-Filme brachten zwar die gewünschten und erforderlichen Gewinne, aber Hollywood erkannte, daß nicht nur im Sektor Film viel Geld zu holen ist. Zudem geistert in Hollywood eine ständige Angst vor Versagen und Bankrott. Gewiß mag es Produzenten oder Studio-Verantwortlichen mulmig zumute werden, wenn am ersten Startwochenende einer ihrer Filme in den Kinos nicht so richtig anlaufen mag. Wenn dann noch negative Mund-zu-Mund-Propaganda floriert und der Streifen über 50 Millionen Dollar kostete, sind gewisse Ängste berechtigt und verständlich. Nicht zuletzt aufgrund dieser Unsicherheit und Risiken im Hollywood-Geschäft sind Studios im Zuge der Globalisierungswelle mitgeschwommen und international Kooperationen und Fusionen eingegangen, die zum einen weitere Einnahmequellen gewährleisten und zum anderen in einem Geschäft, in dem „niemand Bescheid weiß", gewisse ökonomische Absicherungen mit sich bringen.

Konglomerate sind in Hollywood nichts neues. Bereits in den 60er Jahren fand die erste Welle von Fusionen statt, wobei in dieser ersten Periode die Zusammenschlüsse nicht auf die angrenzenden Märkten abzielten (welche noch nicht so ausgeprägt vorhanden waren). Ziel der Bildung dieser Konglomerate war eine Stabilisierung in einer sozial und wirtschaftlich turbulenten Zeit.

- Paramount wurde 1967 von Gulf+Western aufgekauft, einem Konglomerat, das tätig war in Publishing, Finanzdienstleistungen, Herstellung von Musikinstrumenten oder auch Zuckerproduktion.
- Universal wurde 1962 von Music Corporation of America (MCA) aufgekauft.
- 1967 fand United Artists (UA) in Transamerica Corp., einem Finanzdienstleister und Versicherungskonglomerat, seine neue Heimat.
- Warner Bros. wurde 1969 von Kinney Services gekauft, einem New Yorker Konglomerat, das u.a. Comic Bücher vertrieb und als Bestattungsunternehmen tätig war.
- 1970 kaufte Makler- und Finanzhai Kirk Kerkorian das Studio MGM zum ersten Mal (es sollte nicht das einzige Mal sein).
- Kerkorian kaufte 1981 für 380 Millionen Dollar auch UA von Transamerica und formte daraus MGM/UA.[12]
- Columbia wurde 1982 vom Multi-Konzern Coca-Cola geschluckt.

(Vgl. u.a. Cook 1996, S. 933ff)

Mitte der 80er Jahre kam die zweite Welle von Fusionen, die nicht nur wirtschaftliche Stabilität bringen sollte, sondern mit gezielten Kooperationen das Film-Geschäft zum Medien-Geschäft machen wollte. Vor allem in den 90er Jahren waren manche Studios nicht nur 'Opfer' solcher Auf- und Einkäufe, sondern spielten aktiv eine Rolle bei der Suche nach bestmöglichen Kooperationen. Die folgende Auflistung zeigt wichtige Bewegungen der eingeläuteten „Corporate Era" – wie Lewis sie bezeichnet (1998, S. 87) –, eine Zeit, in der beinahe täglich

---

12 Zwischendurch stellte MGM zum ersten Mal das Filmgeschäft ein (1974) und verkaufte nur noch Ateliers, Dekorationen und Kostüme.

Deals, Fusionen und Käufe getätigt werden. Es kann daher auch kein Anspruch auf Vollständigkeit erhoben werden.[13]

1985

- Rupert Murdochs News Corporation (einer der größten Verleger englischsprachiger Magazine [z.b. The Sunday Times, The Sun, The Times], aber auch tätig in globalen Satelliten-Networks, TV-Networks und Publishing) übernimmt 50 Prozent von 20th Century Fox. Murdoch startet im gleichen Jahr Fox Broadcasting, ein TV-Sender, der die anderen großen drei amerikanischen Stationen (ABC, NBC und CBS) herausfordern soll.

1986

- Medienmogul Ted Turner (sein vermutlich bedeutendstes Aushängeschild: Nachrichtensender CNN) übernimmt für 1.45 Milliarden US-Dollar MGM/UA von Kirk Kerkorian, verkauft aber noch im gleichen Jahr MGMs Atelier an Lorimar Telepictures und MGMs TV- und Filmproduktions- als auch -distributionseinrichtungen an Kerkorian zurück (für 300 Millionen Dollar). Turner behält das Filmarchiv und benennt es Turner Entertainment Company.

1989

- Paramount wird zwar nicht gekauft, orientiert und definiert sich aber neu und paßt seinen Namen dem Medien- und Informationszeitalter an: Das Studio heißt nun neu Paramount Communications Inc.

- Steve Ross fusioniert Time Inc. mit Warner Communications in einem 12 Milliarden-Deal und formt somit das weltweit größte Medien-Konglomerat der Welt, Time Warner. Time Inc. produziert und vertreibt weltweit insgesamt 64 Magazine, darunter bspw. Time und People.

- Sony übernimmt für 3.4 Milliarden Columbia Pictures (beinhaltet die beiden Filmstudios Columbia und TriStar sowie Loew's Kinos) von Coca-Cola.[14]

---

13 Kein Buch und kein Artikel beinhaltet alle Bewegungen der letzten zwei Jahrzehnte. Die Auflistung ist eine Zusammenstellung von Informationen aus verschiedenen Quellen, u.a.: Variety (Ausgaben zwischen 1990 bis 2001), Monaco (2000), Wasko (1994), Dale (1997), Lewis (1998), Cook (1996), Balio (1998).

- Kirk Kerkorian kauft Namen, Logo und Einrichtungen von MGM/UA zurück. (UA wurde 1988 geschlossen.)

1990

- Japans Matsushita Electric Industrial Company (weltweit der größte Elektronik-Produzent und -Lieferant) kauft MCA/Universal für 6.9 Milliarden.
- Kirk Kerkorian verkauft für 1.3 Milliarden Dollar MGM/UA an Pathé Communications Corp., die vom italienischen Medienmogul Giancarlo Paretti geführt und von der französischen Bank Crédit Lyonnais finanziert wird. MGM-Pathé Communications wird 1992 für 483.4 Millionen ganz von Crédit Lyonnais übernommen und in den ursprünglichen Namen Metro-Goldwyn-Mayer umbenannt.[15]

1994

- Paramount fusioniert mit Viacom (TV-Syndikat und Network-Company [MTV, Nickelodeon und Showtime/The Movie Channel]) und Blockbuster Video, eine der größten Videoketten Nordamerikas.

1995

- Seagram, ein Getränkekonzern, übernimmt 80 Prozent der Matshushita-Anteile von MCA/Universal.
- Disney erwirbt Capital Cities/ABC, ein US-Network, für 19 Milliarden und wird zur Nr. 1 im Unterhaltungsbusineß.

---

14 Zum besseren Verständnis: TriStar Pictures wurde 1982 von u.a. Columbia Pictures ins Leben gerufen. 1987 fällt TriStar unter Kontrolle von Columbia (neuer Name: Columbia Pictures Entertainment), bleibt aber eigenständiges Produktionsstudio. 1991 – zwei Jahre nach der Übernahme durch Sony – erhalten die beiden Studios Columbia und TriStar einen neuen Namen und agierten neu unter dem Schirm Sony Pictures Entertainment. 1998 wird TriStar, bislang eigenständige Filmabteilung neben Columbia, ganz in Columbia Pictures einverleibt.

15 MGM ist einer der prestigeträchtigsten Namen in Hollywood (man denke nur an das berühmte Logo: der brüllende Löwe). Metro-Goldwyn-Mayer wurde 1924 gegründet, als sich Metro Film Studios, Goldwyn Pictures und Louis B. Mayer Pictures zusammenschlossen.

- Ted Turner verkauft seine Firma Turner Broadcasting System (inkl. den drei Filmabteilungen New Line Cinema, Castle Rock Entertainment und Turner Pictures Worldwide) an Time Warner.
- News Corp/Fox fusioniert mit New World Entertainment in einem 2.5 Milliarden Dollar- Deal.

1996

- Crédit Lyonnais verkauft MGM an eine Gruppe, an der u.a. Kirk Kerkorian beteiligt ist. Somit kauft Kirk Kerkorian das Studio MGM bereits zum dritten Mal.

1998

- Universal kauft Polygram Filmed Entertainment, ein europäisches Filmstudio.[16]

2000

- 10. Januar: AOL (America Online – der größte Internet-Provider weltweit) übernimmt Time Warner. AOL-Time Warner bilden somit den größten Multi-Media-Konzern und unterstreicht die Neuorientierung der Studios in Richtung Neue Medien. Bereits zwei Wochen später stößt der traditionsreiche Plattenkonzern EMI als Teil der Warner Music Group zum Konzern.
- Universals Seagram wird vom französischen Konglomerat Vivendi, einem Gigant in der Versorgungskommunikation, gekauft. Vivendi bietet u.a. das größte europäische Internet-Portal Vizzavi an.

Diese Fusionen, Kooperationen und Deals ermöglichen es den Hollywood-Studios, sich horizontal zu integrieren, in den weltweiten Markt vorzustoßen und alle möglichen angrenzenden Märkte auszuschöpfen. Zudem erkennen auch die Studios selbst – wie bereits zum Teil in der Auflistung zu sehen – das Potential aus Kooperationen und schöpfen immer mehr aus solchem Kapital. Sie werden also nicht nur gekauft, sondern kaufen aktiv und suchen Partner, um über damit erzielte Größenvorteile noch mehr Profit zu erreichen.

---

16 Universal besaß bereits Teile von Polygram, wollte diese aber verkaufen. Da dies nicht gelang, mußte Polygram Filmed Entertainment ganz einverleibt werden.

3.2.1.2 Horizontale Integration: Ausschöpfung angrenzender Märkte

Eine Folge, oder besser: das Ziel dieser häufig vollzogenen Käufe und Konglomerationen ist eine sogenannte *horizontale* Integration. Vor allem die Major Studios waren bisher durch eine *vertikale* Integration charakterisiert, d.h. sie kontrollierten alle wichtigen Systeme der Filmökonomie: Produktion, Distribution und Exhibition. Mit den bereits erwähnten *Paramount Decrees* im Jahre 1948 wurde diese vertikale Integration unterbunden. Im Laufe der 80er Jahre fand jedoch eine Re-Integration statt (siehe Kapitel 3.2.2). Neben diesem Charakteristikum der vertikalen Integration kommt es in den 80er Jahren, im Zeitalter der Globalisierung und der „Corporate Era", zu einer horizontalen Marktdurchdringung, d.h. die Studios kontrollieren nicht nur ihr Busineß entlang der Wertschöpfungskette von oben nach unten, sondern schielen auch zur Seite zu den benachbarten Märkten. Gerade auch deshalb sind Konglomerate wie Disney–Capital Cities/ABC oder AOL–Time Warner äußerst zielführend, da dadurch das Filmgeschäft zum kontrollierten Mediengeschäft wird. „[…] all media are one", begründet Medienzar Rupert Murdoch seine Omnipräsenz im gesamten Entertainment-Sektor. (Zit. in Wasko 1994, S.60) Der Film dient nur noch als „launching pads to provide a kind of lift that carries a film through all its subsequent windows". (Litman 1998, S. 1) Der Film ist also ein Startprodukt mit vielen Nebenprodukten, und wie bereits erwähnt, machen diese anderen Produkte vielfach weit mehr Gewinn als der Film an der Kinokasse. Während in den späten 60er Jahren nur etwa einer von zehn Filmen Gewinn machte, kommen heutzutage dank der sekundären Märkte wie TV und Video die Hälfte aller Filme mit über 14 Millionen Dollar Produktionskosten in die Gewinnzone. (Vgl. Maltby 1998, S. 37) Video bspw. – zunächst als große Gefahr für das Kino gefürchtet – wurde zu einer wichtigen Einnahmequelle für die Studios. In den 80er Jahren stieg der Verkauf von Videogeräten von unter zwei Millionen auf 62 Millionen und der Verkauf von Videokassetten von drei Millionen (1980) auf 220 Millionen (1990). (Vgl. Maltby 1998, S. 35) 1987 wurden 7.2 Milliarden Dollar aus Videoverkauf und -verleih eingenommen; bereits doppelt so viel wie an der Kino-Box Office, die im gleichen Jahr Rekordeinnahmen verbuchen konnte. (Vgl. Cook 1996, S. 947ff) Die Einspielergebnisse der Top-Filme des Jahres 1996 (*Twister*, *Independence Day*, *Mission: Impossible*) machten nur ein

Drittel der gesamten Einnahmen aus nationaler, internationaler und Video- Box Office aus. Bei den 'unteren' Rängen (also Filmen, die unter zehn Millionen einspielten) konnte Video gar bis zu drei Mal mehr einspielen als an der Kinokasse. (Vgl. Litman 1998, S. 240) Der Blockbuster des laufenden Jahres, *The Mummy Returns* (2001), spielte aus VHS- und DVD-Verkäufen am ersten Wochenende 90 Millionen Dollar ein; 33 Prozent mehr als am Startwochenende in den Kinos. (Vgl. *Variety.com*-Newsletter) Video – so wie TV anfangs der 50er Jahre – wurde somit vom Feind zum Freund, und es wäre für Hollywood – immer auf Gewinnmaximierung aus – unverständlich gewesen, hätte es vor diesem Markt die Augen verschlossen. „Every time the market expands, the combination is greater than before", wurde ein Produzent bereits zu Beginn dieses Kapitels zitiert. Als TV kam, nutzten die Majors diesen Markt nicht nur als weitere Distributionsschiene für ihre Kinoprodukte, sondern sie produzierten selbst TV-Filme. Auf Kinofilme folgten oft auch TV-Reihen (*Indiana Jones*) oder umgekehrt (*X-Files, Star Trek*). Auch Video wurde zuerst ausgegrenzt, um schließlich von den Studios 'umarmt' zu werden. *Direct-to-Video*-Produktionen überschwemmten in den 80er Jahren den Markt und waren vor allem zunächst für die Independents eine neue Chance, ihre Filme zu vertreiben. Für die Major Studios stellen sie eine wichtige Vertriebsschiene dar, um zum einen mehr Profit zu machen und zum anderen die Verkäufe in den angrenzenden Märkten anzukurbeln. 1987 wurde von General Cinema, der damals größten Kinokette in den USA, eine groß angelegte Studie veröffentlicht, die deutlich zeigte, daß Video für die Filmindustrie nur Vorteile hätte, da dieses Medium nicht nur gewinnbringend auf sekundären Märkten sei, sondern auch das Interesse für Kinofilme wecke und Auskunft über die Bedürfnisse bzw. den Geschmack des Publikums gebe. (Vgl. Wasko 1994, S.173) Die Filmproduktion (inkl. Video) im amerikanischen Markt stieg daher beträchtlich: 1983 lag der Durchschnitt der Produktionen bei 350 Filmen pro Jahr, 1988 verdoppelte sich die Zahl auf 600. (Vgl. Balio 1998, S. 58) Nur wenige Filme fanden aber den Weg ins Kino. Vor allem Fortsetzungen halbwegs erfolgreicher Filme kommen oft nur in Form von Video auf den Markt. *Toy Story 2* beispielsweise war zunächst auch nur als *Direct-to-Video*-Format geplant, fand letzten Endes doch noch den Weg in die Kinos, war schließlich einer der erfolgreichsten Filme des Jahres 1999 und spielte im nationalen Markt über 200 Millionen Dollar ein. Viele Fortsetzungen oder auch Filme, an deren Erfolg an der Kinokasse gezweifelt wird, kommen auf direktem Weg in den Videovertrieb. Im Kino würden solche Filme flopen. Daher ist es finanziell zu aufwendig, sie über den klassischen Vertriebsweg zu vertreiben und zuerst ins Kino zu bringen. Auf dem Videomarkt können solche Streifen hingegen beachtliche Summen einspielen. In Europa (und anderen Kontinenten) wird noch mehr selektiert. Kommt ein Film beim amerikanischen Publikum erst gar nicht an, verzichten die Distributionsfirmen häufig auf einen Start im internationalen Kinomarkt und bringen diese Filme direkt als Videotape an das interessierte Publikum.

TV und Video sind heute nicht mehr bloß sekundäre Märkte. Sie wuchsen in den 80er Jahren so stark an, daß bereits 1995 diese angrenzenden Märkte bis zu 80 Prozent eines Spielfilmprofits ausmachen konnten (vgl. Maltby 1998, S. 24), wobei Video bis zu einem Drittel zu den Gewinnen beiträgt und auf dem internationalen Markt gar zur größten Einnahmequelle für Hollywood wurde.

Hollywood konzentriert sich aber nicht bloß auf sekundäre Märkte wie TV und Video. „[...] [a] major presence in all of the world's important markets" lautete das Ziel von Major Studio Warner Bros. Ende der 80er Jahre. (Zit. in Balio 1998, S. 58) Die Studios, als Teil riesiger Konglomerate und Mediengiganten, schöpfen Profit aus allen möglichen Quellen. Paramount besitzt bspw. zwei Sportteams (New York Knicks und New York Rangers) und die Rechte für die Miss Universe, Miss USA oder Miss Teen-USA-Wettbewerbe. (Vgl. Wasko 1994, S. 44ff) AOL Time Warner ist nicht nur massiv auf dem Zeitschriftenmarkt präsent (Time, Life, People, Fortune[17]) sondern verdienen ihr Geld auch über *theme parks*. Themenparks wurden vor allem durch ein Studio berühmt und salonfähig: Disney. Rund um die Uhr laden EuroDisney, Disneyland und Disneyworld zu Achterbahnfahrten oder einem Foto mit Mickey ein. Die Themenparks sind eines der drei Hauptsegmente, nach welchem das traditionsreiche Studio organisiert ist. Die beiden anderen sind *filmed entertainment* und *consumer products*. Es ist klar, daß nicht jedes Studio auf Donald Duck, Mickey Mou-

---

17 Time Warners Publikationen streichen 20 Prozent der gesamten Werbeeinnahmen der amerikanischen Magazine ein.

se oder Schneewittchen zurückgreifen kann, um aus diesen Märchenwelten eine reale Produktwelt werden zu lassen. Die anderen Studios haben jedoch den Unterhaltungs- und Werbewert dieses angrenzenden Marktes erkannt, auch wenn nur Studio-Touren angeboten werden und den Besuchern dabei eine real nachgestellte Szene etwa aus *Indiana Jones* vorgeführt wird. Disney, wie auch Paramount, besitzt ebenfalls zwei Sportteams (Anaheim Angels [Baseball] und Mighty Ducks [Hockey] – aus letztere resultierten zwei Kinofilme: *The Mighty Ducks* [1992] und *D2* [1994]), die aber 1999 wieder zum Verkauf freigegeben wurden.

Nicht alle Studio halten *theme parks* oder Sportteams, aber alle Major Studios sind in Musik, TV und Videobereich tätig, d.h. sie besitzen und kontrollieren Kanäle dieser wichtigen sekundären Märkte. Der Kinofilm ist daher ein Startprodukt, oder auch nur Nebenprodukt, für viele weitere benachbarte Märkte. Es gibt keine Grenzen. Wer klingonisch lernen möchte, kauft sich das *Star Trek*-Wörterbuch, wer einen originellen Kugelschreiber kaufen will, ist bei *Star Wars* gut aufgehoben. Und bitte nicht überrascht sein, wenn Ihr Kind nach dem Happy Meal bei McDonalds eine kleine *Toy-Story*-Figur fast verschluckt.

Time-Warners Erträge aus der Filmunterhaltung betrugen 1998 lediglich 28 Prozent, was zwar immer noch den größten Anteil, aber insgesamt eben nur knapp über ein Viertel des Gesamtertrages aus der gesamten Produktpalette ausmacht. (Vgl. Blanchet 2000, S 69ff) 19 Prozent kamen aus dem TV-Markt, 14 Prozent aus der Sparte Musik und 16 Prozent aus dem Publishing-Sektor. Bei Disney machte die Filmproduktion in etwa den gleichen Betrag aus (25 %), der Rest war aufgeteilt in TV (31 %), Parks (24 %), Publishing (9 %) und andere Produkte (11 %). Fox's Filmabteilung war 1999 lediglich für 21 Prozent des Gesamtertrags verantwortlich, 29 Prozent kamen aus dem Bereich TV und 43 Prozent aus Publishing. Beim Konglomerat Sony, das 1989 die beiden Filmstudios TriStar Pictures und Columbia Pictures aufkaufte, trägt der Bereich Film nur noch acht Prozent zum großen Kuchen bei; zehn Prozent kommen aus der Musikabteilung, die übrigen 82 Prozent verdankt der Gigant Produkten und Labels wie Playstation, Sony Insurance and Financing, Columbia Records, Epic Records oder Sony Electronics. (Vgl. ebd.)

3.2.1.3 Horizontale Produktdifferenzierung

Die horizontale Integration greift jedoch auch im Kleinen. Wenn wir lediglich die Filmstudios dieser Konglomerate betrachten – um die es ja geht –, erkennen wir, daß sich die Studios seit den 80er Jahren stark verändert haben. Nicht nur, weil große Firmen sie aufgekauft haben und angrenzende Märkte wie Themenparks, Kugelschreiber und Jennifer-Lopez-Musik zum Portfolio des Imperiums oder Studios gehören, sondern weil auch innerhalb des Hauptproduktes, Film, eine Produktdifferenzierung und somit eine horizontale Integration stattfindet. Hollywoods Major Studios belassen es nicht nur mit einem Profil, sie wollen auch im Filmbereich „[a] major presence" in allen Bereichen haben, um aus all den möglichen Nischen ihre Gewinne zu ziehen. Disney beispielsweise erkannte bereits zu Beginn der 80er Jahre, daß die Kinobesucherinnen und Kinobesucher nicht nur Märchen und Kinderfilme sehen wollen, sondern auch Geld für Filme ausgeben, die andere Studios produzierten. So gründeten Jeffrey Katzenberg und Michael Eisner, die damaligen Studioleiter von Disney, 1982 das Label Touchstone Pictures. Mit diesem Label konnten nun auch actionlastige, 'erwachsenere' Filme produziert und distribuiert werden, ohne daß die weiße Weste von Disney beschmutzt werden konnte. 1990 kam ein zweites Label, Hollywood Pictures, hinzu, welches jedoch im Laufe der 90er Jahre an seine Erfolge wie *The Hand that Rocks the Cradle* (88.0 Millionen Einnahmen) und *Medicine Man* (45.5 Mio.; beide 1992) nicht mehr anschließen konnte und nie mehr richtig einschlug. Touchstone ist immer noch erfolgreich mit Filmen wie *The Waterboy* oder *Six Days, Seven Nights* (beide 1998, ersterer mit Blödel-Komiker Adam Sandler, zweiterer ein Indiana-Jones-Verschnitt mit Harrison Ford und Anne Heche).

Fox strukturierte sein Studio ebenfalls um und ging auf der Suche nach Erfolg differenzierter vor. 1994 wurde das Filmgeschäft in vier Divisionen geteilt, wobei jede Division eine spezielle Nische abdecken sollte: 20th Century Fox, Fox 2000, Fox Searchlight und Fox Family Films. 20th Century Fox ist dabei die 'Hauptabteilung', die für die großen *bucks* an der Kinokasse sorgen soll und Filme wie *Hot Shots!* (1991), *True Lies* (1994), *Titanic* (1997, co-produziert mit Paramount), *Big Momma's House* (2000) in die Kinos bringt. Fox 2000 wurde gegründet, um jährlich acht bis zwölf Filme zu produzieren, die auf die demographische Gruppe der Frauen abzielen sollte. Fox 2000 gibt es zwar immer noch, der Division gelang es aber bis heute nicht, eine Identität aufzubauen, und so produziert diese Abteilung nach Belieben, quer von der George Clooney-Michelle Pfeiffer-Schnulze *One Fine Day* (1996) bis hin zum ambitiösen David Fincher-Alptraum *Fight Club* (beide 1999). Fox Searchlight sollte die Nische des *art-house*-Films bzw. des Independent Films abdecken, was auch erfolgreich gelang. Beispielsweise 1999 erntete der Fox-Schützling mit *Boys Don't Cry* Lobeshymnen bei Kritikern. Hauptdarstellerin Hilary Swank gewann den Oscar für die beste weibliche Hauptrolle (für ihre Rolle als Mann). (Mehr zu Fox Searchlight im nächsten Kapitel.) Die vierte Abteilung war Fox Family Films und zielt – wie der Name schon sagt – auf die Zielgruppe der Familien ab. Nach dem Erfolg von *Anastasia* (1998), dem Animations-Debüt von Fox Family Films, wurde der Name der Abteilung in Fox Animation umgewandelt.

Vor allem in den 90er Jahren stießen die Major Studios in die Nischen des *arthouse* vor und machten damit dem Independent Film Konkurrenz. Universal kaufte October Films, Disney erwarb Miramax, die Studios gründeten eigene *Classic*-Divisionen wie Paramount Classics, Sony Pictures Classics oder Universal Focus. Dieser Vorstoß in den Indie-Sektor wird aber im nächsten Kapitel ausführlich behandelt. Es sollte hier lediglich dargestellt werden, daß die Major Studios seit Mitte der 80er Jahren verstärkt versuchen, ihr Profil zu erweitern, und das besonders – und letzten Endes interessant und relevant für diese Arbeit – ab den 90er Jahren im Bereich des Independent Films.

3.2.1.4 Seitenblick: Die unterschiedlichen „Texte" einer Horizontalen Integration

Thomas Schatz und Justin Wyatt weisen auf einen interessanten Aspekt hin, welcher hier nur kurz angerissen wird, da er lediglich als 'Seitenblick' seine Berechtigung für diese Arbeit findet. Durch die immer stärker aufkommenden angrenzenden Märkte und daraus entstehenden Mehrfachverwertungen der Filmprodukte (ob jetzt Filmsequel, DVD-Ausgabe mit zusätzlichen Features, Musik-CD, Musikvideo, Merchandising-Artikel, usw.) werden Kinofilme aus Hollywood nicht nur im Kinosaal zum Erlebnis, sondern weit darüber hinaus. Gestärkt durch die vertikale Integration der Studios (siehe Kapitel 3.2.2) und dadurch stärkere Kontrolle über das industrielle System und auch der Narration der Filme, konnten die Film'texte' geöffnet werden für „multiple readings and multimedia reiteration". (Schatz 1993, S. 34) Auch Wyatts Begriff des „rewriting" solcher filmischer Texte in den benachbarten Märkten ist sehr zutreffend. (Wyatt 1994, S. 46) Das Filmerlebnis wird dadurch ausgeweitet und wird auf vielen verschiedenen Verwertungs- und Produktnischen erlebt. Ein Beispiel wäre die bereits angesprochene Wiederverwertung eines Kinofilms für TV-Reihen, wie die ebenfalls schon erwähnten TV-Abenteuer des jungen *Indiana Jones*, die auf den gleichnamigen Kinofilmen basieren. Hier wird ein Produkt mehrfach verwertet und bietet ein weiteres, zusätzliches Film-*Erleben* an. Spielzeuge für Kinder sind nichts neues, aber präsentieren den Film in einer anderen Form und Weise. Kinder können hier sogar in spielerischer Form selbst zur Narration beitragen, sie haben also nicht nur die Möglichkeit des „re-reading", sondern können aktives „re-writing" betreiben. Mit den Neuen Medien wird dieses Erlebnis noch auf höherer Stufe fortgetragen. Das Internet bietet eine interaktive Teilnahme am Geschehen. Es bleibt abzuwarten, wohin dies führen wird und ob schon bald ein Film in verschiedenen Versionen auf dem PC abgerufen bzw. durch die Möglichkeiten der Interaktivität vom Zuschauer selbst bestimmt und beeinflußt werden kann. Der Internet-Auftritt von Steven Soderberghs *Traffic* (2000) beispielsweise (*www. trafficthemovie.com*) hat auf den ersten Blick nicht viel mit dem Film zu tun. Er nimmt sich Teile des Filmtextes und setzt sie – dem Medium angepaßt – in neue Formen der Kommunikation und des Erlebens zusammen und bietet bzw. lädt ein zu „multiple readings".

Dies alles hat ein Ziel: „Seeking to maximize the audience's points of contact with the film, the promotional material multiplies the possible meanings from the narrative." (Wyatt 1994, S. 46) Und obwohl hinter dem Mehrfachangebot der Texte, basierend auf Film, wiederum wirtschaftliches Kalkül steht, stellt dies doch eine Symbiose zwischen Produzenten und Konsumenten/Rezipienten dar: Der Produzent erfreut sich an der (Werbe-)Wirkung seines Angebots und der Zuschauer am „re-reading", da es „pleasure based on the play between familiarity [...] and discovery" (ebd.) bietet und ihn manchmal selbst zum Produzenten des Textes macht, was die Attraktivität dieser Angebote zusätzlich erhöht.

3.2.2 Vertikale Re-Integration: Rückeroberung der Leinwände

Seit den *Paramount Decrees* 1948 mußten die Major Studios ohne Kontrolle über die Lichtspielhäuser leben. Produktion und Distribution lagen jedoch fest in ihren Händen. Auch genau deswegen waren die Kinoketten nach dem Paramount-Urteil – trotz gesprengtem Band zwischen ihnen und den Majors – nicht frei in ihrem Handeln. Die Majors lieferten immer noch die gewinnbringenden Blockbuster. Die Kinoketten waren auf diese Hits (und somit auf die Majors) angewiesen. Anfangs der 80er Jahre kam es schließlich zu einer vertikalen Re-Integration. Ermöglicht wurde dies durch eine *laissez-faire*-Haltung der Ronald Reagan-Regierung in *anti-trust*-Angelegeheiten. Columbia Pictures machte den Anfang, als das Studio eine kleine Gruppe von Kinos in New York City erwarb. (Vgl. u.a. Wasko 1994, S. 177ff; Litman 1998, S. 29ff; Maltby 1998, S. 39; Hillier 1992, S. 23) Innerhalb eines Jahres setzte die vertikale (Re-)Integration auch bei MCA/Universal, Paramount und Warner Bros. ein: 1986 kaufte MCA/Universal zu 50 Prozent Cineplex-Odeon, dazumal zweitgrößte Kinokette in Nordamerika. Im gleichen Jahr erwarb Gulf+Western/Paramount 368 amerikanische und 462 kanadische Lichtspielhäuser bzw. Leinwände. Die amerikanischen Kinos wurden zusammen mit Warner Bros. gekauft. Ein Jahr später, 1987, setzte Columbia Pictures Entertainment diesen Trend weiter fort. Mit der Übernahme von TriStar Pictures (siehe Fußnote 14, S. 56) kam Columbia in den Besitz derer 310 Filmtheater (früher: Loew's) und kaufte 1988 weitere 317 Kinos. Mitte der 90er Jahre besitzt Sony (Columbia und TriStar) knapp 1.000 Leinwände in ganz Amerika.

Abbildung 2
Vertikale Re-Integration (1986 bis 1995, Auszug)

Verleih / Studio	Filmtheater	Leinwände – US	Leinwände – Kanada
Sony (Columbia + TriStar)	Sony (8)	946	–
MCA (Universal)	Cineplex-Odeon (7)	1056	575
Paramount + Warner	Cinamerica (16)	368	–
Paramount	Famous Players	–	462
Total:		2370	1037

Quelle: Litman 1998, S. 30

Bereits kurze Zeit nach der vertikalen Re-Integration kontrollierten die Hollywood Studios wieder über 3.500 Leinwände des nationalen Marktes (von den insgesamt 22.000; heute sind es 40.000 [USA und Kanada]), also prozentual in etwa gleich viel, wie sie in der Zeit vor den *Paramount Decrees* besaßen. Die Major Studios kontrollierten somit wieder die drei Systeme der Filmökonomie, von der Produktion bis zur Exhibition. Der Staat griff nicht ein, sondern ließ durch das Justizministerium im Juli 1987 verlautbaren: „[…] it [das Ministerium; d. A.] would not oppose any acquisitions, but was 'monitoring' distributors' activities." (Wasko 1994, S. 179)

Es soll hier darauf hingewiesen werden, daß die vertikale Integration nicht bloß in der Filmökonomie stattfindet, sondern auch in den angrenzenden Märkten, die bereits besprochen wurden. Die Studios versuchen, sich auch im Rahmen der horizontalen Integration (Einschließung und Nutzung sekundärer, benachbarter Märkte) vertikal zu integrieren, d.h. nicht nur in diesen Märkten wie TV oder Video tätig zu sein, sondern auch diese Aktivitäten und Systeme zu *kontrollieren*, von Produktion bis hin zur Exhibition.

3.3 Der Untergang der 80er-Independents

High Concept, Konglomerate, Event-Movies, horizontale und vertikale Integration, Big Budget, Oligopol, ... In den 80er Jahren dachte Hollywood in anderen Dimensionen. Wo war der Independent Film? Er hatte keine Chance. Anfangs der 80er Jahren versuchten Studios wie Fox, Universal oder United Artists, mit eigenen *Classic*-Divisionen die Indie-Nische abzudecken, mußten jedoch nach kurzem Bemühen wieder aufgeben, da die Studios Teil eines anderen Systems – des Mainstreams – waren und sich in diesem Sektor einfach nicht zurechtfanden. Merritt kommentiert: „Within three years all [these classic divisions; d. A.] were out of business. The studios would sometimes acquire features, but they generally had neither the patience nor the expertise to shepherd small movies to cinematheques." (Merritt 2000, S. 262) Eine neue Chance kam Mitte der 80er Jahre, als durch Video die Filmproduktion in Amerika stark angekurbelt wurde. 1985 wurde die Filmproduktion der Majors von jener der Independents übertroffen – erstmals seit dem Untergang der *Golden Era*. (Vgl. Cook 1996, S. 948) Der Output der Majors (zwischen 70 und 80 Filme) blieb konstant, die Gesamtproduktion stieg jedoch jährlich auf bis zu 600 US-Produktionen. Independents wie Cannon, De Laurentiis, Orion, Lorimar, Circle, Spectrafilm, Cineplex Odeon, New World, American International, Filmways, Weintraub, Vista, New Century oder Atlantic Releasing Corporation versuchten, ihre Präsenz in Kinohäusern, die jedoch vielfach von den Majors kontrolliert wurden[18], und vor allem auf dem Videomarkt zu verstärken. Doch beides schlug fehl.

Video – zunächst als Retter der B-Movies und Independents gepriesen – stellte sich als weiteres Instrumentarium heraus, mit welchem die Major Studios den Markt kontrollieren konnten. Obwohl der Videomarkt expandierte, konnten die Indies nicht davon profitieren. Hollywood erkannte, daß meist nur solche Filme im Videogeschäft Erfolg hatten, die auch im Kino entsprechend gut ankamen. Strauss Zelnick, damaliger Vorsitzender und Produktionschef bei 20th Century Fox, kommentiert dieses Phänomen: „Because video is released after theaters, the success in video tracks the success in theaters like every other market. Cer-

---

18 Variety führte 1987 eine Untersuchung durch, die zeigte, daß 53 Prozent der Independent Filme nicht auf den US-Kino-Markt kamen. (Vgl. Wasko 1994, S. 178)

tain pictures outperform in video, but that would never induce you to make a picture because if it fails at the box office, video will not 'fix' the failure. A movie will perform in accordance with its performance at the box office which means you won't make enough money to justify the decision." (Zit. in Wyatt 1998, S. 75) Das *Direct-to-Video*-Format wird deshalb auch vor allem für Fortsetzungen herangezogen, da das Publikum den Film bzw. deren Quelle bereits kennt und somit das Risiko stark eingedämmt wird, daß das Publikum den Film einfach nicht beachtet. Einen Video-Markt für B-Movies gibt es somit nicht, „with the possible exception of the exploitation pictures made by direct-to-video production companies". (Lewis 1998, S. 118) Video hat vor allem dann Erfolg, wenn die Distributionsfirma in Film *und* Video tätig ist, damit sie erstens ihre Produktionen mehrfach verwerten kann und zweitens die Verluste in Film oder Video mit anderen Filmen bzw. Videos wettmachen/auffangen kann und umgekehrt (*Cross-Collateralization*).

Nicht nur im Videomarkt mußten sich die Independents fügen, sondern auch im Filmgeschäft kämpften sie in den 80er Jahren erfolglos gegen die Mühlen der Majors. Dafür gab es mehrere Gründe. Andrew schreibt, daß das Indie-Kino der 80er Jahre einfach zu unkonstant war, um sich durchzusetzen. (Vgl. Andrew 1999, S. 38f) Verschiedene 'Künstler' wie Robert Altman, Ethan und Joel Coen, David Lynch, Oliver Stone oder David Cronenberg ließen aufhorchen, doch brachten nie den frischen Wind ins Kino, der sich zu einem Sturm hätte umwandeln können. „[...] solange die Blockbuster wenigstens finanziell mehr belohnt werden", schreibt Andrew, „bleibt Hollywood [...] bei seiner Haltung und mäht jede Kreativität nieder, die es für zu riskant, eigensinnig oder schwierig hält." (Andrew 1999, S. 10) Wir werden im nächsten Kapitel sehen, daß Hollywood sich selbst in seinem System gefangen hält und einfach nicht anders kann, als Blockbuster zu produzieren, die nur auf Profit abzielen.

Ein weiterer Grund für das Sterben der 80er-Indies war die bereits angedeutete Überproduktion an Filmen, die der Markt nicht schlucken konnte. Zu viele Firmen machten zu viele Filme. Aber zu wenige Firmen (vor allem die Independents) machten aus finanziellen Gründen jene (genügende) Menge an Filmen, die ihre Verluste und Gewinne durch *Cross-Collateralization* abfedern hätte können.

Goodell spricht den Hauptgrund an, wieso der Untergang dieser kleineren, unabhängigen Studios abzusehen war: Sie standen einfach in direkter Konkurrenz zu den Majors (vgl. Goodell 1998, S. 4): Sie produzierten Event-Filme wie die Majors und – so der große Fehler – versuchten sich auch im Sektor der Distribution. Und da die meisten Filme dieser Independents keine Produkte für Marktnischen waren, kämpften sie um dieselben Kinohäuser und Leinwände, die sich bereits in festen Händen der Majors befanden.

Die Independents konnten aufgrund dieser fehlgeschlagenen Strategie nur wenige Erfolge feiern: *Dirty Dancing* (1987), produziert und vertrieben von Vestron, war dabei einer der wenigen erfolgreichen Filme. Andere Firmen wie Weintraub, Circle oder New Century konnten nicht einen einzigen nennenswerten Erfolg erzielen. Auch Produktionsfirmen hatten Mühe, sich als bedeutende Lieferanten für die Majors durchsetzen zu können. Prominentestes Beispiel war Carolco, eine Firma, die trotz Produktionen wie *Basic Instinct* (1992) oder *Terminator 2* (1991) Ende des Jahres 1992 den Bankrott erklären mußte. Und so – von den Majors vom Video-Markt vertrieben und im vergeblichen Kampf gegen diese im Kino-Busineß – gingen diese unabhängigen Studios reihenweise Bankrott und verschwanden von der Bildfläche Hollywoods. Vestron bspw. schloß seine Produktions- und Distributionsstätten bereits zwei Jahre nach dem Erfolg von *Dirty Dancing*, Cannon kollabierte bereits 1986, das Studio von Dino De Laurentiis, der im Jahr 2001 noch einen Ehren-Oscar für sein unabhängiges Filmeschaffen erhielt, mußte 1988 aufgeben. Einziges Studio, das sich über die Wende des Jahrzehntes retten konnte, war Orion (gegründet 1978). Das Studio konnte trotz Erfolgen wie *Dances with Wolves – Der mit dem Wolf tanzt* (1990) oder *Silence of the Lambs – Das Schweigen der Lämmer* (1991) (beide wurden bei den Oscars u.a. als Bester Film ausgezeichnet) seiner Geschäfte nicht Herr werden und mußte 1992 den Bankrott verkünden. Der Independent Film war, zumindest was seine Erfolge an der Kinokasse betraf, daher praktisch nicht mehr existent.

Doch im Hintergrund bildete sich allmählich eine Schar von Filmemachern, die dank eines gesundes Nährbodens bald von sich aufmerksam machen würde. „1989: The Year it all changed", titelt John Pierson in seinem Buch. (Pierson 1995, S. 126) Miramax und New Cinema lauerten auf ihren Auftritt. Sie sollten die Studios sein, die die neue Heimat von neuen „Mavericks" wie Steven Soderbergh, Quentin Tarantino oder Spike Jonze sein würden und die sich in vielerlei Hinsicht von den untergegangenen Studios wie De Laurentiis oder Vestron unterscheiden. Balio zählt als Unterschiede auf:

"(1) the newcomers ran 'lean machines' with only skeletal staffs rather than emulating the structure of the large studios;

(2) most concentrated exclusively on filmed entertainment rather than branching out into TV;

(3) most produced only a few high-quality productions each year rather than large rosters aimed at different segments of the market;

(4) most distributed domestically through the majors rather than organizing their own distribution arms; and

(5) most raised their production financing by keeping their eyes on the burgeoning foreign market rather than on home video rentals." (Balio 1998, S. 64f)

Diese Indies machten also nicht die gleichen Fehler wie die erfolglosen Independents der 80er Jahre. Sie konzentrierten sich auf Nischen des Filmmarktes, holten sich die Majors als Partner (Distribution) anstatt gegen diese den Krieg auf dem Verleihermarkt zu kämpfen und fanden neue Wege, ihre Filme zu finanzieren. Das folgende Kapitel durchleuchtet die Szene der aufstrebenden Independents und stellt u.a. die Distributions- und Produktionsweisen dieser Independents jenen der Major Studios gegenüber.

In den 90er Jahren kam der Independent Film nach Hollywood, und scheint auch dort zu bleiben. Doch *kam* er nicht nur nach Hollywood, sondern *wurde* er auch zu Hollywood, d.h. zu Mainstream? Und/oder ließen sich die Majors umgekehrt von diesen aufkommenden Indies beflügeln und kamen vom High-Concept-Big-Budget-Mainstream ab, an welchen sie sich seit Jahrzehnten klammerten?

4. Hollywood goes Independent. Independent goes Hollywood

„The choice now is not between the mainstream and the independents but between mainstream Hollywood (*Armageddon*, say) and 'independent' Hollywood (anything with Christina Ricci in it)."
– *Nick Roddick, in: Sight & Sound (1998).*

4.1 Der Aufstieg der Independents um 1989

1989: „The year it all changed." Piersons Aussage weist auf einen fundamentalen Einschnitt in Hollywoods Filmgeschäft hin. Und sie weist darauf hin, daß im Jahr 1989 das amerikanische Independent Kino seinen Höhenflug startete. 1989 war sicherlich ein bemerkenswertes Jahr, jedoch bleibt es spekulativ, ob genau in jenem Jahr der nötige Anstoß erfolgte, um den Independent Film in Richtung Hollywood und damit auch 'Erfolg' zu schubsen. Einige Autoren sehen in Regisseuren wie bspw. den Coen Brüdern, die 1984 mit *Blood Simple* debütierten, bereits den unumgänglichen Aufstieg des Independent Films. Aber es ist unbestritten, daß kein Film und kein Regisseur das Indie-Feuer so sehr entfachte wie das Filmdebüt *sex, lies, and videotape* von Steven Soderbergh, das im Jahr 1989 zum Gesprächsthema Nr. 1 wurde. Produziert für 1.2 Millionen US-Dollar, finanziert durch bereits verkaufte Videorechte, wurde der Film zu einem unerwarteten Erfolg auf Festivals und letzten Endes an der Kinokasse. Am Sundance Film Festival, dem bedeutendsten US-Festival für Independent Filme, gewann er den *Audience Award* und beim Filmfestival in Cannes als erster US-Film die *Palme d'Or*. Soderbergh war der jüngste Regisseur, der diesen renommierten Preis entgegennehmen durfte. Miramax kaufte den Film zur Distribution (so genannter *acquisition deal*) und ließ ihn zum erfolgreichsten Indie-Film des Jahres werden, mit einem Einspielergebnis von 26 Millionen Dollar auf dem nationalen Markt; eine gewaltige Summe für einen Independent Film, die sonst schon Mühe haben, alleine nur die Millionen-Marke zu überschreiten, geschweige denn überhaupt in die Gewinnzone zu kommen. Soderbergh zeigte den unabhängigen Filmemachern, den Studios und auch den Majors, daß mit solchen billig produzierten bzw. für wenig Geld akquirierten Filmen Geld zu verdienen ist. Nach dem Ausscheiden vieler unabhängiger Firmen Mitte der 80er Jahre stießen jetzt neue hinzu, und die bereits in diesem Sektor tätigen Studios wie Miramax oder New Line Cinema festigten ihre Position im Independent-Sektor. „Clearly, indies are no flavor of the month", kommentiert Levy, „they're here to stay." (Levy 1999, S. 494)

Miramax und New Line Cinema sind die bedeutendsten Vorreiter der Indie-Welle der 90er Jahre und dominierten bzw. dominieren den Markt. New Line Cinema wurde bereits 1967 von Robert Shaye gegründet und konzentrierte sich zunächst auf den Vertrieb von Filmen auf Colleges. *The Texas Chainsaw Massacre – Das Kettensägenmassaker* war einer der ersten Filme, den Shaye ins Kino brachte. (Vgl. u.a. Variety vom 12. August 1992 oder 18. September 1995; Wyatt 1998, S. 76ff) Ziel war, *low-budget*-Filme zu produzieren und vor allem zu distribuieren und sie gezielt an spezifische Publika zu bringen. „Every single product is original and has to stand on its own", wird Shaye zitiert. (Variety vom 18. September 1995) „There is no clear formula for success, and there never will be. It's not stars, and it's not production value; there is no thing that always works. That to me is the most exciting part of the business, especially when you come up with something nobody thought of before." (Ebd.) Im Jahr 1990 feierte das Studio mit *Teenage Mutant Ninja Turtles* den bislang erfolgreichsten Indie-Film aller Zeiten (Box Office: 135 Millionen). Dieser Film zeigt bereits, daß eine Verschmelzung von Independent und Mainstream stattfinden sollte. Ist *sex, lies, and videotape* ein *low-budget*-Film und 'independent in spirit', stellt der konventionelle Action-Streifen *Teenage Mutant Ninja Turtles* wahren Mainstream dar, der sich durch Merchandising-Artikel kennzeichnet und in mehreren Sequels seine Fortsetzung im Kino und auf Video fand. New Line Cinema wurde zum lukrativen Partner und im Zeitalter der Konglomerate und Fusionen somit zur umworbenen Zielscheibe. Ted Turners Turner Broadcasting Systems (TBS) erwarb das Studio 1993 für eine halbe Million Dollar. Im Oktober 1996 fusionierte TBS mit dem ebenfalls frisch gebildeten Konglomerat Time-Warner. New Line wurde zum Verkauf freigegeben, da Warner sich durch den Verkauf des kleinen Studios eine Tilgung seines Schuldenbergs erhoffte. (Vgl. Variety vom 14. April 1997) New Line stimmte dem Verkauf zu, da man fürchtete, daß unter Warner jene Autonomie verloren gehen könnte, die bei Turner per Vertrag gewährleistet war. Im April 1997 nahm Time-Warner das Studio vom Markt, da New Line Cinema seine eigene Finanzierung gewährleisten konnte. Somit stand einem Zusammenschluß von Warner und New Line nichts mehr im Wege. Als im Jahr 2001 Time-Warner mit AOL fusionierte, wurde New Line Cinema Teil eines noch größeren Medien-Imperiums, das dem 'unabhängigen' Studio finanziellen Rückhalt geben konnte.

Bereits im Jahr 1990 gründete New Line eine eigene Sub-Division, Fine Line Features, und teilte somit ihre Produktion und Distribution in *mainstream* und *specialty items*, also klassischen Independent Filmen. Fine Line Features half etwa dem in die Erfolglosigkeit abdriftenden Robert Altman in den 90er Jahren zu einem Comeback mit den Filmen *The Player* (1992) und *Short Cuts* (1993).

Miramax' Geschichte ähnelt der von New Line Cinema. (Vgl. u.a. Wyatt 1998, S. 79ff; Variety vom 3. Mai 1993) Harvey und Bob Weinstein gründeten 1979 die zunächst nur in Distribution tätige Firma und wurden nach dem Erfolg von *sex, lies, and videotape* (1989) zur gefragtesten Anlaufstelle für Independent Filme. Die beiden Brüder, v.a. Harvey, gelten als dominante und manchmal unbeherrschte Hitzköpfe und lassen Erinnerungen an die Studiobosse der *Golden Era* Hollywoods wach werden. Wie auch New Lines Robert Shaye sitzen Harvey und Bob Weinstein immer noch an der Spitze ihres immer erfolgreicheren Studios. Miramax machte sich besonders einen Namen (und folgend seinen Erfolg) mit bemerkenswerten, waghalsigen Werbekampagnen. Die kontroversen Diskussionen um *sex, lies, and videotape* spornte vor allem Harvey Weinstein an, noch kontroversere Filme zu erwerben und in die Kinos zu bringen, die alle das System der Altersfreigabe (*MPAA rating*) provozierten. (Bspw. *Scandal* [1989], *The Cook, the Thief, His Wife and Her Lover* [1989], *You so Crazy* [1994] – sie alle erhielten von der 'Zensur'-Behörde MPAA ein X-rating bzw. NC-17.) Vor allem die Marketing-Strategie um Neil Jordans *The Crying Game* (1992) machte Legende; der Kurztext des Filmposters versprach: „Play it at your own risk. Sex. Murder. Betrayal. In Neil Jordan's new thriller nothing is what it seems to be." (Vgl. Wyatt 1998, S. 81) Das große Geheimnis, und die große Überraschung des Films – die vermeintliche Hauptdarstellerin entpuppt sich nach einer begonnenen Liebesaffäre als Mann – wurde zum großen Marketing-

Gag, und der Kurztext lautete nun: „The movie everyone is talking about, but no one is giving away its secret." (Vgl. ebd.) Der Film spielte national 70.6 Millionen Dollar ein und gewann bei der Oscar-Verleihung den Award für Bestes Original-Drehbuch. Als Disney das unabhängige Studio im Jahr 1993 für 60 Millionen Dollar erwarb, sahen sich die Weinsteins mit der Disney-Doktrin konfrontiert, keine Filme mit einer NC-17-Altersfreigabe (also erst ab 18 Jahre) zu vertreiben. Als Larry Clarks *Kids* (1995) – eine 'Milieu-Studie' über sündhafte, Aids-kranke, fluchende und ständig kopulierende Jugendliche – von Miramax gekauft und von der MPAA mit dem NC-17-Siegel versehen wurde, verbot Disney die Distribution des Films. Harvey Weinstein, kompromißloser Filmfreak und Geschäftsmann, gründete daraufhin ein eigenes Studio, Shining Excalibur Pictures, nur um diesen Film doch noch in die Kinos zu bringen.

Miramax war seither Heimat und Förderer vieler junger Talente. Das vermutlich bedeutendste 'Kind' der Weinsteins – nach Steven Soderbergh – ist Quentin Tarantino, der dank *Pulp Fiction* (1994) zum neuen Soderbergh der 90er Jahre wurde.

Miramax gilt als aggressiver Käufer von Filmen und noch aggressiverer Vermarkter dieser Streifen. Daß ausgerechnet das familien-freundliche Studio Disney diesen kleinen Rebell kaufte, war überraschend. Miramax hingegen nutzte die vielen Vorteile, die Disney bieten konnte: Finanzierung bzw. finanzielle Unterstützung von Entwicklung, Produktion und Marketing ihrer Filme sowie die Möglichkeit, von Disneys Video- und TV-Vertriebswegen zu profitieren. Disney war – trotz NC-17-Streitereien – mit seinem neuen Kind zufrieden. 1996 wurde der Vertrag um sieben Jahre verlängert, im Jahr 2000 wurden nochmals sieben Jahre angehängt.

Wie auch New Line Cinema gründete Miramax eine eigene Division innerhalb des Studios, Dimension Films (1993). Im Gegensatz zu dem auf Indie-Filmen konzentrierten Label Fine Line Features vertreibt Dimension keine Filme des Indie-Sektors, sondern stellt ein Genre-Label dar, welches vor allem Horror-Streifen und mit diesem Genre verbundenen Filme in die Kinos bringt. Dimension Films ist verantwortlich für Hits wie *Scream* (1996) oder *Scary Movie* (2000) und wurde mit den Jahren zum großen Geld-Lieferanten für Miramax.

New Line Cinema und Miramax spielen heute groß im Spiel um das Publikum und Kassenschlager mit. Sie haben gezeigt, daß mit unkonventionellen Filmen Geld zu verdienen ist, doch auch, daß noch mehr Geld zu verdienen ist, wenn man sich gewisse Praktiken und gewisses Kapital der Majors zu eigen macht (mehr dazu im Laufe dieses Kapitels). Die Kinobesucher waren gewillt, ihr Geld auch für Filme abseits des Mainstreams auszugeben. Indie-Erfolge wie Sony Pictures Classics' *Howard's End* (1992, 25.9 Millionen Dollar Einnahmen) New Lines *The Piano* (1993, 40.2 Mio.) oder Miramax' *Pulp Fiction* (1994, 107.9 Mio.) machten Mut und bekräftigten den Auf- und Einstieg vieler neuer Distributionsfirmen und Labels im Independent-Sektor anfangs der 90er Jahre. Vor allem die Major Studios, immer auf der Suche nach Marktlücken, sprangen auf den Indie-Zug und versuchten sich wieder – wie anfangs der 80er Jahre – mit *Classic*-Divisionen, um den Markt der Nischenfilme abdecken und abgrasen zu können. Dieses Mal waren sie jedoch erfolgreicher. 1992 wurde Sony Pictures Classics (SPC) gegründet. SPCs erster Film, *Howard's End*, wurde gleich zum großen Erfolg. Sony war mit seinem *Classic*-Label zufrieden, so daß es seinem Schützling im Jahr 1997 noch größere finanzielle Ressourcen für die Akquisition und Vermarktung von Filmen zusprach. (Vgl. Variety vom 3. Februar 1997). Trotz Erfolgen wie *Lone Star* (1996, 13.5 Mio.) und aktuell *Crouching Tiger, Hidden Dragon* (2000, 128.1 Mio.) verfolgt Sony Pictures Classics noch heute seinen Weg und spezialisiert sich auf *art-house* und fremdsprachige Filme, obwohl Sony Entertainment drängte, auch etwas konventionellere und am Mainstream angelehnte Filme zu vertreiben. Sony Pictures Classics wollte nicht, woraufhin Sony Ent. 1998 ein weiteres Label, Screen Gems, gründete, um Filme zu vertreiben, deren Produktionskosten im Bereich von vier bis zwölf Millionen Dollar liegen. Sony Classics vertreibt Filme unterhalb dieser Grenze. (Vgl. Variety vom 3. August 1998)

Sony Classics-Gründer Tom Bernards, Marcie Bloom und Michael Barker lenken noch heute die Geschicke und genießen bei Künstlern und Filmschaffenden einen hervorragenden Ruf. „Our mission has always been to release quality films from around the world", unterstreicht Bernard ihren Weg. „We could have taken our company in the direction that Miramax and USA Films went, but we chose not to." (Zit. in Variety vom 14. Mai 2001)

Die 90er Jahre waren vom Einstieg weiterer *Classic Indies* gekennzeichnet, d.h. von Abteilungen der Majors für Nischenprodukte. Fox gründete – wie bereits erwähnt – im Sommer 1994 Fox Searchlight, einer der vier Produktions- und Distributionsarme von Fox Filmed Entertainment. Searchlight wurde gegründet, um Nischenfilme für die Zielgruppe der Erwachsenen zu entwickeln, zu produzieren und zu distribuieren. Der britische Film *The Full Monty* (1997, 56.8 Mio.) war bislang Searchlights erfolgreichster Film. Paramount Classics wurde im Februar 1998 ins Leben gerufen und machte mit Filmen wie *You can count on me* und *The Gift* (beide 2000) auf sich aufmerksam. MGM formte im Oktober 1997 eine neue Abteilung für künstlerische Filme, Goldwyn Films. Nach einem Rechtsstreit mit der namensverwandten Samuel Goldwyn Company taufte MGM ihr *art-house*-Label in G2 Films um. Im Juni 1999, zum 80. Geburtstag von Major MGM, machte das Studio seinen Partner United Artists (UA) zu seiner *Classic*-Division. Aus G2 wurde United Artists Intl., die UAs internationalen Verleih handhabt. Universal Focus ist die jüngste Abteilung der Major Studios. Die Universal Studios formten dieses Label im Juni 2000 und landete gleich mit Focus' ersten Akquisition, *Billy Elliot* (von der immer erfolgreicheren britischen Produktionsfirma Working Title), einen vollen Erfolg (22 Mio.).

Die 90er Jahre zeichneten sich aber nicht nur durch ein vermehrtes Aufkommen von *Classic*-Divisionen der Majors aus, sondern brachte auch eine Reihe weiterer unabhängiger Distributionsfirmen auf den Erfolgsweg. October spielt seit 1991 mit und wurde 1997 vom Major Universal gekauft. Gramercy war ein weiterer bedeutender Indie der 90er Jahre. Der Verleih wurde 1993 als ein Joint Venture von Major Universal und Polygram ins Leben gerufen. Polygram ist ein europäischer und weltweit erfolgreicher Musikgigant und formte im gleichen Jahr, als Gramercy gekauft wurde, ein eigenes Filmstudio, Polygram Filmed Entertainment. Im Jahr 1996 sicherte sich Polygram die ganze Kontrolle über Gramercy. Polygram Filmed Entertainment begann im Herbst 1997 Filme in den USA zu vertreiben (beginnend mit David Finchers *The Game* [1997]), konnte aber nur zwei Jahre in Amerika mitmischen, da das europäische Studio (und somit auch Gramercy) 1998 von den Universal Studios gekauft wurde. Die Hoffnung, ein europäisches Filmstudio könnte in Hollywood Fuß fassen, wurde damit zerschlagen. Die Universal Studios, die mit October bereits über einen Verleih für Nischenfilme verfügten, sahen sich gezwungen, die beiden *art-house*-Indies October und Gramercy zusammenzuschließen: USA Films, ein Amalgam von Gramercy, October, Polygram und gewissen Anteilen von Interscope und Propaganda Films, wurde im April 1999 geformt. Universal bzw. Vivendi ist Shareholder von USA Films. USA Films ist Teil des Mediennetzwerks USA Networks.

Gänzlich ohne Hilfe eines Majors agieren Lions Gate Releasing und Artisan Entertainment. Lions Gate wurde im Januar 1998 gegründet, als die unabhängige Firma Cinepix Films ihren Namen in Lions Gate Film Inc. änderte. Das Studio brachte bereits interessante und auch erfolgreiche Filme wie *Gods and Monsters* (1998), *Dogma* (1999), *American Psycho* oder *Shadow of the Vampire* (beide 2000) in die Kinos. Artisan wurde 1997 gegründet und lehrte Hollywood mit der Pseudo-Dokumentation *The Blair Witch Project* (1999) das Fürchten. Der Grusel-Schocker war ein *low-budget*-Film, der 140.5 Millionen Dollar einspielte und von Artisan für 1.1 Millionen erworben wurde. Artisan wurde geformt, als Bill Block, Mark Curcio und Amir Malin den Video- und Filmverleih Live Entertainment übernommen hatten und ihm schließlich mit Artisan einen neuen Namen gaben. Im Sommer 2001 kam es zu Gesprächen und Verhandlungen zwischen Lions Gate und Artisan; eine Fusion bzw. ein Kauf wurde aber letztendlich nicht vollzogen. (Vgl. *www.variety.com, Landscape's Cooper*)

In den 90er Jahren sehen wir also wieder einen Aufstieg von Independent Studios. Bis zur Jahrtausendwende hatten alle Major Studios bereits ein *Classic*-Label geformt oder einen Indie einverleibt. Da viele der Independents durch den Zusammenschluß mit Majors ihren Status als 'unabhängige' Distributoren eigentlich verloren hatten, mußte für diese Arbeit – wie es in der Einleitung angesprochen wurde – der Begriff einer unabhängigen Distributionsfirma genauer definiert und eingeteilt werden. In den folgenden Ausführungen und Untersuchungen dieser Arbeit werden demnach die Distributionsfirmen wie folgt zugeordnet:

- *mini-majors / major independents*: New Line Cinema und das Label Fine Line Features, Miramax und das Label Dimension Films, Gramercy (bis 1998) sowie USA Films (ab 1999).

- *classic indies*: Fox Searchlight, Sony Pictures Classics, Universal Focus, Screen Gems, Paramount Classics.[19]
- *macro-indie*: Lions Gate Releasing, Artisan Entertainment und October.[20]

Diese Firmen mischen – neben der immer noch (in den 90er aber eher glücklos) praktizierenden Samuel Goldwyn Company[21] – in den 90er Jahren erfolgreich im US-Filmgeschäft mit und werden im nächsten Teil der Arbeit Objekte der zu untersuchenden Distributions- und Produktionsweisen sein. Und auch wenn viele dieser Firmen ihre Unabhängigkeit durch die Verbindung zu den Majors bereits verloren haben, werden sie hier (nicht nur hier, sondern auch in der Fachliteratur und in der Filmpresse) immer noch als Indies angesehen, da sie meist als Indie begonnen hatten und/oder immer noch autonom von den Majors funktionieren. Die Majors geben ihren 'Indies' lediglich finanziellen Rückhalt; in Produktion, Entwicklung und Distribution der Filme sind sie aber meistens frei.

Die folgende Übersicht (Abbildung 3) zeigt das Aufkommen der Independents in den 90er Jahren. Zwei Bewegungen sind dabei klar erkennbar:

1) Gegen Ende des Jahrtausends befinden sich immer mehr Indies auf dem Markt. Vor allem die Majors sind aktiv und haben mittlerweile alle außer Disney und Warner bereits eine *Classic*-Division geformt.

2) Jedes erfolgreiche Indie-Studio wurde von einem Major gekauft, mit Ausnahme der erst kürzlich gegründeten *Macro-Indies* Artisan und Lions Gate.

---

19 UA (Distributionsfirma für *art-house*-Filme von MGM) und G2 (vor der Umbenennung in UA) werden in den folgenden Ausführungen und Untersuchungen nicht berücksichtigt, da sie bislang nur jeweils ein Jahr tätig sind.

20 October wurde erst 1997 von Universal gekauft und 1999 zu USA Films und wird daher in dieser Arbeit als *macro-indie* bezeichnet. Orion (gegründet 1978) und das *Classic*-Label Orion Classics (gegründet 1983) wären ebenfalls *macro-indies*. Nach dem Bankrott von Orion im Jahr 1992 erholte sich das Studio kaum, seine Distributions- als auch Produktionsweisen sind zu unkonstant, zu lückenhaft, als daß das Studio für eine Untersuchung herangezogen werden könnte.

21 Die Samuel Goldwyn Company existiert bereits seit 1923. Samuel Goldwyn gründete die Firma, nachdem sein Name bereits im Label Metro-Goldwyn-Mayer (MGM) verewigt wurde. Samuel Goldwyn Co. spezialisiert sich auf Nischenfilme. 1995 wurde die in den 90er Jahren etwas glücklose Firma von Metromedia gekauft, im Juli 1997 an MGM verkauft.

Abbildung 3
TIMELINE
Gründung von Independents und Akquisitionen seit 1990

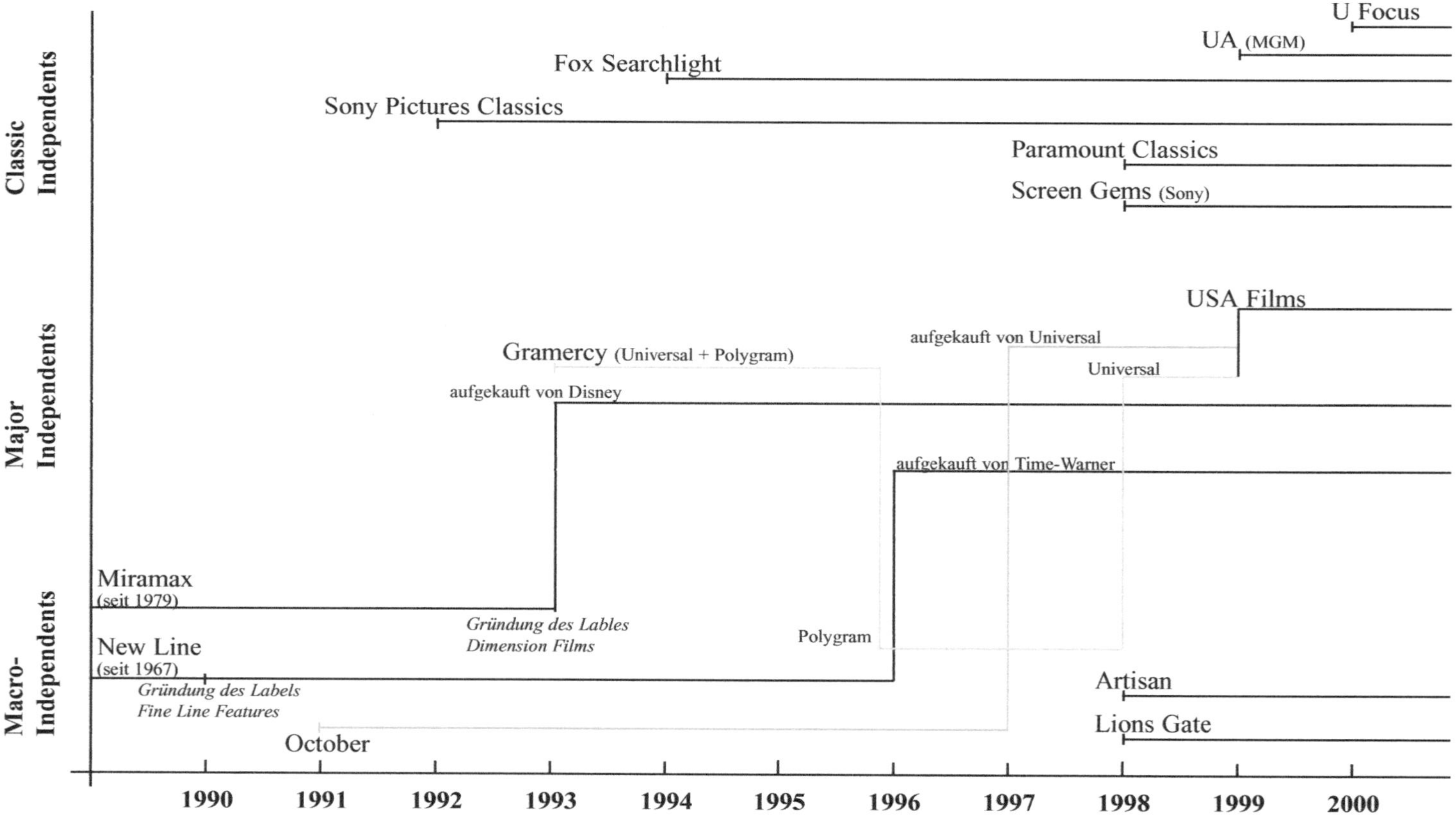

Classic Independents:
- Sony Pictures Classics
- Fox Searchlight
- Paramount Classics
- Screen Gems (Sony)
- UA (MGM)
- U Focus

Major Independents:
- Miramax (seit 1979) — *Gründung des Labels Dimension Films* (1993) — aufgekauft von Disney (1993)
- New Line (seit 1967) — *Gründung des Labels Fine Line Features* — aufgekauft von Time-Warner (1996)
- October (1991)
- Gramercy (Universal + Polygram) (1993) — Polygram (1996) — Universal (1997) — USA Films (1999) — aufgekauft von Universal

Macro-Independents:
- Artisan (1998)
- Lions Gate (1998)

4.2 Hollywood bleibt Hollywood

4.2.1 Rekorde, Rekorde, Rekorde

Es wird im Titel bereits vorweggenommen: Hollywood ist auf sein *High-Concept*-Denken und das ständige Suchen nach Gewinnmaximierung fixiert. Hollywood bleibt Hollywood, auch wenn – wie in 4.2.2 zu sehen sein wird – gewisse Vorteile und Praktiken von den Independents genutzt werden. An den Daten der 90er Jahre ist zu erkennen, daß sich Phänomene, welche Hollywood bereits in den 80er Jahren prägten, weiterhin verstärkt präsentieren.

Die US-Einspielergebnisse (der ganzen Filmindustrie) bspw. gelangten zur Jahrtausendwende in neue Höhen und erreichten im Jahr 2000 7.66 Milliarden US-Dollar.

Abbildung 4

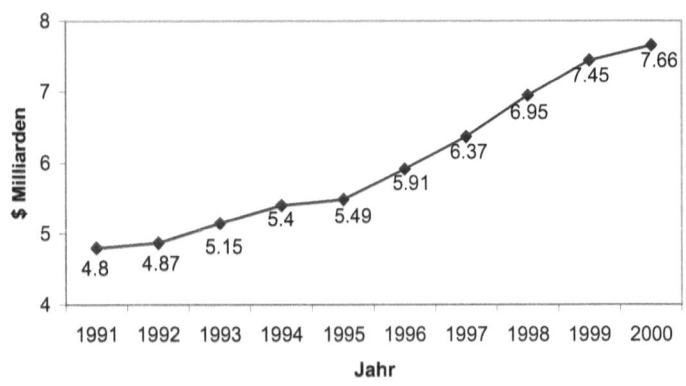

Quelle: MPAA, US Economic Review 2000

Der Großteil der Einnahmen stammt von den Majors, die in den 90er Jahren erstmals die Milliarden-Grenze erreichen konnten. 1994 überschreitet Buena Vista, Distributionsschiene von Disney, erstmals die 1-Milliarden-Marke. Dies gelingt dem Studio auch 1995, 1996, 1998, 1999 und 2000. 1997 gesellt sich

Sony zum Club der Milliardäre, 1998 Paramount, 1999 war Warner Bros. an der Reihe und 2000 die Universal Studios (siehe auch Anhang A).

Abbildung 5

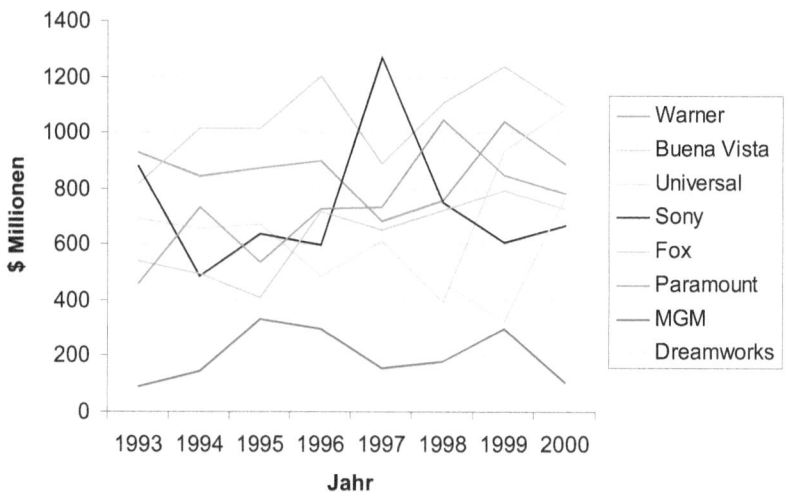

Quelle: eigene Erhebung

Im Jahr 1997 spielten in den USA bereits zwölf Filme über 100 Millionen Dollar ein (genauso viel wie 1996), während international sogar 17 Filme diese Marke durchbrechen konnten. (Vgl. Variety vom 5. Januar 1998) Diese Grenze wurde 1998 von 15 Filmen überschritten (international blieb es bei 17). (Vgl. Variety vom 4. Januar 1999) Ein Jahr später waren es 17 Filme, im Jahr 2000 bereits 19. (Vgl. *www.hollywoodreporter.com, Fuson: Big Finish*) Die Anzahl der Filme, die über 20 Millionen Dollar einspielten, verdreifachte sich zwischen den Jahren 1980 (17 Filme), 1990 (30 Filme) und 2000 (49 Filme). (Vgl. MPAA, US Economic Review 2000) Zudem mußten die *all-time*-Hitlisten neu geschrieben werden: *Titanic* (1997) legte mit 600.8 Millionen Dollar die neue, fast unüberwindbare Latte (weltweites Einspielergebnis: 1,835.3 Mio.), George Lucas' Science-Fiction-Epos *Star Wars* aus dem Jahre 1977 schoß dank den 138.3 Millionen aus dem Re-Start der digital aufgebesserten Version (1997) an die Spitze auf Platz 2, gefolgt von *Star Wars: Episode I – The Phantom Menace* (1999) mit 431.1 Millionen. Platz 5 und 6 belegen ebenfalls Filme der 90er: *Jurassic Park* (1993, 357.1 Mio.) und *Forrest Gump* (1994, 329.7 Mio.). Rang vier belegt weiterhin *E.T.: The Extra Terrestrial* aus dem Jahr 1982.

Die Anzahl der verkauften Kinotickets wuchs in den 90er Jahren ebenfalls beträchtlich an. 1991 wurden 1.14 Milliarden Eintrittskarten verkauft, 1998 erreichte diese Welle ihren Höhepunkt, als 1.48 Milliarden verkaufte Tickets gezählt werden konnten (siehe Tabelle 6), die größte Anzahl seit 1959. (Vgl. *www.hollywoodreporter.com, Fuson: 1999*) 1999 erfolgte ein leichter Einbruch, und der Verkauf ging im ersten Jahr des neuen Jahrtausends auf 1.42 Milliarden zurück, ein Rückgang von drei Prozent im Vergleich zu 1998. (Vgl. ebd.) Dieser Rückgang dürfte Folge der wirtschaftlichen Notlage der Kinoketten zu Beginn des neuen Jahrtausends sein. Mehrere dominierende Ketten wie Carmike, United Artists oder General Cinemas kämpften gegen den Bankrott.[22] Die inflationäre Lage dieser Exhibitionshäuser ließen den Preis für das Kinoticket von 4.21 Dollar (1991) auf 5.39 Dollar wachsen. (Vgl. MPAA, US Economic Review 2000)

---

22 Die zehn größten Kinoketten im nordamerikanischen Raum sind (Stand: 1. Januar 2001): Regal Cinemas (Total Kinos/Leinwände weltweit: 4.472), Loews Cineplex Entertainment (3.010), Cinemark USA (2.922), AMC Entertainment (2.790), Carmike Cinemas (2.559), United Artists Theatre Circuit (1.623), National Amusements (1.400), Hoyts Cinemas (938), Famous Players (913), General Cinema Theaters (880). (Vgl. *www.boxoffice.com*)

Abbildung 6

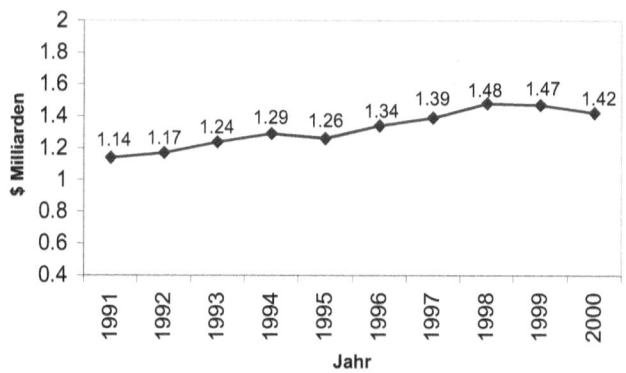

Quelle: MPAA, US Economic Review 2000

Drei weitere Rekorde konnten die 90er Jahre verzeichnen: 1) immer aufwendigere Produktionskosten, 2) immer aufwendigeres Marketing und 3) die bis zur Perversion ausgetragene Major-Praxis des *saturation booking*.

Die Produktionskosten (*negative costs*) eines Major-Films haben sich seit 1990 sogar verdoppelt. Im Durchschnitt kostet die Produktion eines Major-Blockbusters bereits über 50 Millionen. Bekannt sind die ausufernden Budgets von bspw. James Camerons *Titanic* (1997) oder Kevin Costners *Waterworld* (1995), deren Produktion – es gibt keine offiziellen Zahlen – angeblich über 200 Millionen Dollar verschlangen. Dahinzu kommen die Marketingkosten, die besonders aufgrund zweier Faktoren in die Höhe schnellen: Zum einen erhöhen sich die Preise für Werbe-Schaltungen in Print und TV – vor allem Anzeigen in wichtigen Publikationen wie New York Times oder Los Angeles Times werden immer teurer (vgl. www.hollywoodreporter.com, *Galloway*) –; und zum anderen muß aufgrund der hohen Produktionskosten eine noch größere Werbekampagne durchgeführt werden, damit auch alle möglichen Kinobesucherinnen und –besucher angesprochen und ins Kino gelockt werden. Im Jahr 2000 wurden pro Major-Film im Durchschnitt 27.3 Millionen Dollar für Marketing bzw. P&A

(*Print* und *Advertising*, also Kosten für die Vervielfältigung der Filme [Kopien] und für Werbung) ausgegeben.

Abbildung 7

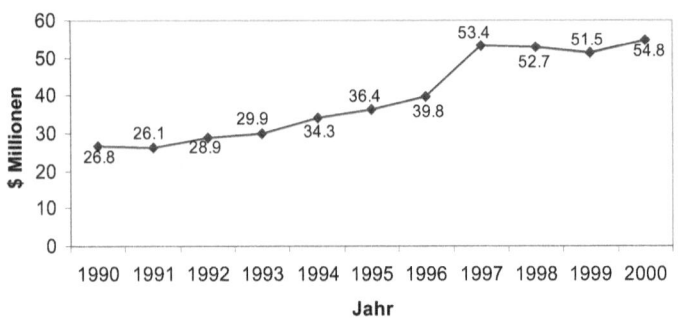

Quelle: MPAA, US Economic Review

Abbildung 8

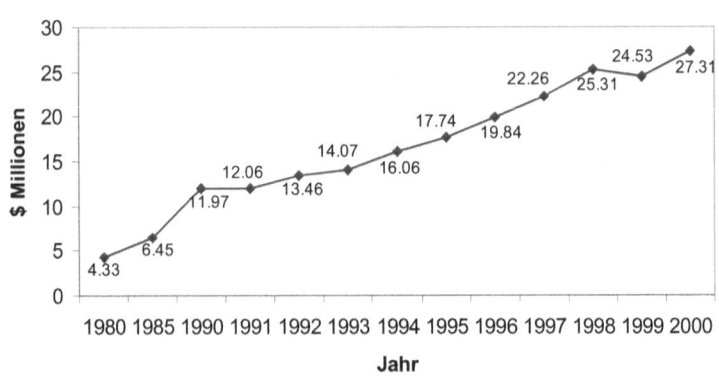

Quelle: MPAA, US Economic Review 2000

Auch die Vertriebspraxis des *saturation booking*, also die Praxis einen Film in einer größtmöglichen Anzahl von Kinos zu zeigen, wurde in den 90er Jahren verstärkt. *Wide releases*, so die englische Bezeichnung für Filme, die in vielen Kinos starten, dominierten die Leinwände der Kinoketten. Im Jahr 1993 wurden 121 Filme gezählt, die auf mehr als 800 Leinwänden debütierten, 1994 waren es 130 und 1995 bereits 153. Diese Filme machten über 95 Prozent der Gesamteinnahmen. (Vgl. Dale 1997, S. 32) Bereits anfangs der 90er Jahre waren 2.000+-*releases* keine Seltenheit mehr. 1991 durchbrachen die meisten Blockbuster des Jahres die Hürde von 2.000 Leinwänden: *Robin Hood* spielte in 2.369 Kinos (insgesamt 3.159 Leinwände – ein absoluter Rekord über lange Jahre hinweg), *The Addams Family* wurde auf 2.411 Leinwänden gespielt, *Batman* auf 2.201 und *Total Recall* auf 2.060. Die Analyse des *screen behavior* (ab Seite 96) zeigt sehr schön, wie sich diese Praxis des *saturation booking* auf immer mehr Leinwände konzentriert. Natale nennt drei Gründe bzw. Vorteile für dieses Verhalten: „[…] opening as widely as possible buys maximum money in minimum time. […] There are also films that studios know have no legs, […] and so the decision for a large opening offensive, followed by a hasty retreat, makes sense. […] Another important factor is the heat of competition." (Variety vom 24. Juni 1991) Mittlerweile tasten sich viele Blockbuster der Saison bereits an die 3.500-Marke heran: Die Sommerhits 2001 kratzten fast alle an der neu aufgestellten Hürde: *Tomb Raider* (3.308 Leinwände), *Jurassic Park 3* (3.434), *The Mummy Returns* (3.401) und *Pearl Harbour* (3.214). *Shrek* (3.587) und *Planet of the Apes* (3.500) knackten die 3.500-Grenze. Der Rekord hält immer noch *Mission: Impossible 2* (aus dem Jahr 2000) mit 3.653 Leinwänden am Startwochenende.[23]

---

23 In der Betrachtung der *screen behavior* („auf wie vielen Leinwänden wird der Film gespielt?") stößt man auf folgendes Problem: Bis etwa Mitte der 90er Jahre war es üblich, daß ein Kino einen Film auf einer einzelnen Leinwand spielte. Heutzutage, angespornt durch *saturation booking*, spielen v.a. Multiplexe oft einen Film auf mehreren Leinwänden gleichzeitig. Die Zahl der Leinwände (*screens*), auf welchen der Film gezeigt wird, kann daher größer sein als die Zahl der Kinos (*theaters*), die ihn spielen. In der Literatur wird vielfach nicht zwischen *screens* und *theaters* unterschieden. So läuft der Film *Pearl Harbor* (2001) am Startwochenende auf 3.214 *screens* (Quelle: www.imdb.com) und in 3.214 *theaters* (Quelle: www.boxofficeguru.com), obwohl anzunehmen ist, daß die tatsächliche Anzahl an Leinwänden größer sein müßte. Da die Praxis, einen Film auf mehreren Leinwänden (eines Kinos) gleichzeitig zu spielen, noch jung ist, darf angenommen werden, daß die Zahl von *screens* in den meisten Fällen in etwa mit der Zahl der *theaters* übereinstimmt. Wenn in dieser Arbeit Leinwände gezählt werden (v.a. in der Analyse der Distributionsweisen), ist also damit immer die Zahl von *theaters* gemeint (wenn nicht explizit ein Unterschied gemacht wird).

Dieses Verhalten – maximalen Profit in minimaler Zeit durch maximales *saturation booking* – führte dazu, daß immer mehr Filme nach starkem Auftritt sang- und klanglos untergehen, was Natale oben als Filme „*that have no legs*" bezeichnet. Im Jahr 2001 hatten viele der Blockbuster nicht bloß „*no legs*", hatten also keine Füße, sondern waren „Gone in 60 seconds", wie Peter Bart, Chefredakteur von Variety, kommentiert. (Variety vom 13. August 2001) Viele Blockbuster-Filme des Sommers 2001 mußten einen schnellen *burn out* erleben: Die Einspielergebnisse von *Tomb Raider* fielen im zweiten Wochenende um 59 Prozent, *Jurassic Park 3* verbuchte ein Minus von 56 Prozent, *A. I. – Artificial Intelligence* 52 Prozent und *Fast and the Furios* 50 Prozent. (Vgl. Variety vom 16. Juli 2001) Angeführt wird die Liste von *Batman*-Regisseur Tim Burton, dessen *Planet of the Apes* der mit größter Spannung erwartete Film des Sommers war. Am Startwochenende spielte der Streifen sagenhafte 68.5 Millionen Dollar ein (der Rekord hält *The Lost World* mit 92.7 Mio. [1997], gefolgt von *Pearl Harbor* mit 75.2 Mio. [2001]), brach aber bereits am zweiten Startwochenende ein, das amerikanische Publikum wollte das lasche Remake nicht mehr sehen und die Box Office fiel um 59 Prozent auf nur mehr 27.5 Millionen. Üblicherweise erwarten die Verleiher am zweiten Wochenende ein Minus von 40 Prozent. Trotz der kurzen Lebensdauer der Blockbuster an den Kinokassen erlebte der Sommer 2001 an Startwochenenden mit diesen Filmen Rekordeinspielergebnisse, wie es Hollywood bislang noch nicht erlebt hatte: *Planet of the Apes* mit knapp 70 Millionen (US-Start 27.7.), *Rush Hour 2* mit 67 Millionen (3.8.), *Jurassic Park* mit 51 Millionen (18.7.) und *American Pie 2* (10.8.) mit 45 Millionen. *Saturation booking* führte somit zur Kurzzeit-Blüte des „one-weekend wonder", wie es Peter Bart treffend beschreibt. (Variety vom 13. August 2001)

Insgesamt gibt es im nordamerikanischen Raum (USA und Kanada) derzeit ca. 7.000 Lichtspielhäuser, die ihre Filme auf insgesamt 40.000 Leinwänden spielen können.

4.2.2 Analyse: Distributions- und Produktionsweisen der Majors in den 90er Jahren

Untersucht man die Distributions- sowie Produktionsweisen der Majors – also Buena Vista/Disney, Fox, MGM, Paramount, Sony, Universal, Warner Bros. und (ab 1997) Dreamworks – in den 90er Jahren, können ähnliche und vergleichbare Muster bei den Praktiken beobachtet werden. Für diese Arbeit wurden folgende Aspekte zur Analyse herangezogen:

- Anzahl an Filmen und Sequels: Wie viele Filme produzieren bzw. distribuieren die Majors im Jahr? Konzentrieren sie sich auch auf Sequels/Fortsetzungen?

- Produktion bzw. Finanzierung der Filmprojekte: Wie viele Filme produzieren die Majors alleine? Gehen sie Co-Produktionen ein und lagern somit die Finanzierung ihrer Projekte aus?

- *Screen behavior*: Wie verhalten sich die Filmstudios, wenn sie Filme in die Kinos bringen? Auf wie vielen Leinwänden spielen ihre Filme? Welchen Distributionsweg schlagen die Majors ein: *Wide release* (= siehe *saturation booking*) oder *platform release* (= der Film startet in einer kleinen Anzahl Leinwänden, einer kleinen Plattform und verbreitet sich schließlich – vor allem wenn die ersten Filmaufführungen beim Publikum gut ankommen – auf weitere Kinos)?

- *Year behavior*: Wie verhalten sich die Studios im Verlauf des Jahres? Zu welcher Jahreszeit bringen sie bevorzugt welche Filme?

ANZAHL AN FILMEN UND SEQUELS

Major Studios zeichnen sich dadurch aus, daß sie im Jahr viele Filme ins Kino bringen. Ende der 70er Jahre verzeichnete Hollywood zwar einen Rückgang beim jährlichen Output der Majors (der Durchschnitt lag bei ca. 80 Filmen), in den 90er Jahren erhöhten die Studios ihre Aktivität auf dem Markt, die in der Mitte des Jahrzehnts mit 145 Major-Produktionen ihren Höhepunkt fand. Danach fällt der Output wieder. Das Jahr 2000 verzeichnet den geringsten Wert mit 113 Filmen. Würde man das erst 1997 dazugestoßene Studio Dreamworks SKG nicht dazu zählen, würde der Output gegen Ende des Jahrtausends sogar wieder knapp bei 100 liegen.

Abbildung 9 [24]

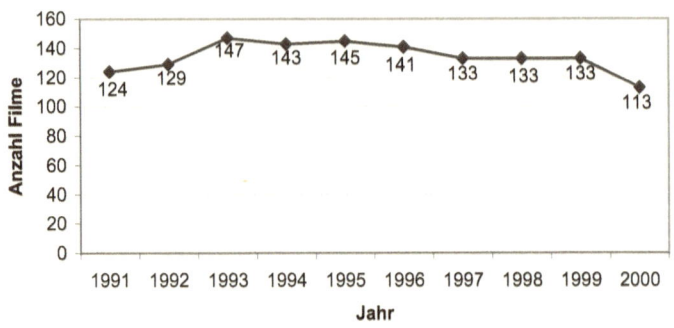

Distribuierte Major-Filme (gesamt), 1991-2000

Quelle: eigene Erhebung

Werden die Studios im einzelnen analysiert, läßt sich der oben dargestellte Gesamttrend ablesen. Buena Vista, Sony und Warner steigerten ihren Output von anfangs ca. 20 Filmen auf 30 (Mitte der 90er). Gegen Ende der 90er Jahre fällt der Durchschnitt wieder auf 20 Filme. Fox bringt durchschnittlich rund 15 Filme in die Kinos, ohne erkennbar starke Abweichungen. MGM, das in den 90er Jahren um Erfolg kämpft und nur mit James-Bond-Filmen (*Goldeneye* [1995], *Tomorrow Never Dies* [1997], etc.) Gewinne macht (das Studio schreibt im laufenden Jahr 2001 rote Zahlen), kam in guten Zeiten auf über 15 Produktionen (1995), im Jahr 2000 jedoch trugen lediglich noch fünf Filme das Label MGM. Das Studio ist aufgrund des fehlenden Kapitals in Produktionsmöglichkeiten als auch bezüglich ihres Engagements in angrenzenden Märkten bzw. bei Synergien (MGM konzentriert sich nur auf Produktion und Distribution von Kino- und TV-Filmen) ein für den Bereich der Majors sehr untypisches Studio. Seine In-

---

24 Gezählt wurden nur Filme der Majors, also exklusive der von ihnen gekauften Studios oder zusätzlichen Distributionswege wie bspw. Miramax bei Disney oder Triumph bei Sony.

stabilität spiegelt sich auch in den Produktions- sowie Distributionsweisen wieder.

Der Output von Paramount liegt im Durchschnitt bei 15 bis 20 Filmen, erreichte im Jahr 2000 aber ebenfalls seinen Tiefpunkt mit zwölf distribuierten Filmen. Einen ähnlichen Verlauf präsentiert Universal mit 13 Filmen im Jahr 2000.

Abbildung 10

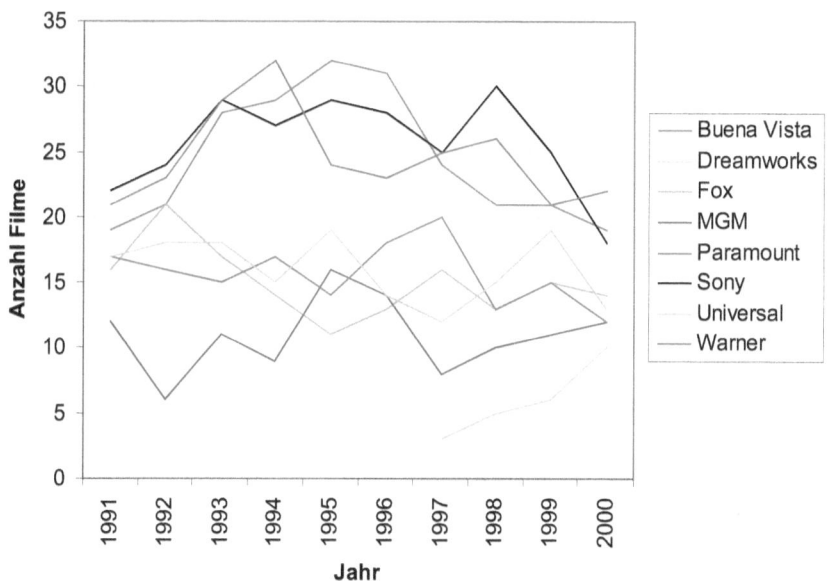

Quelle: eigene Erhebung

Ein Grund, wieso die Studios vor allem in der Mitte der 90er Jahre versuchten, mit möglichst hohem Output in den Kinos aktiv zu sein, liegt in der bereits angesprochene *Cross-Collateralization*, ein Charakteristikum der Majors. Die Studios wollen das ganze Jahr hindurch auf dem Markt präsent sein, dafür benötigen sie Filme, die – wie wir weiter unten sehen werden – auch von anderen Firmen gekauft werden, damit die Output-Pipelines der Majors gefüllt werden können. Mit dieser Anzahl an Filmen ist auch gewährleistet, daß einzelne Filme zu Blockbuster der Saison werden und somit für die Verluste anderer Filme aufkommen können. Mit einer vollen Pipeline ist die Wahrscheinlichkeit, daß darunter wenigstens ein einziger Blockbuster mitschwimmt, größer als wenn jedes Studio monatlich nur je einen Film in die Kinos bringt. Die Majors mußten jedoch einsehen, daß dieses Modell nicht immer zum Ziel führen kann. Wie sonst ist der geringe Output zu Beginn des neuen Jahrtausends zu erklären? Selbst Disney und sein Distributionsarm Buena Vista erklärten 1998 ihre Absicht, den Output von fast jährlich 40 bis auf 15 Filme herunterzuschrauben, und das, obwohl drei Produktionsfirmen (Touchstone, Hollywood und Walt Disney) die Pipeline von Buena Vista füllen könnten. „There is nothing wrong with movies", erklärt Joe Roth, damaliger Vorsitzender des Disney-Studios, ihre Haltung. „We love movies. We believe in movies. We also believe the business has gotten inflated. There is just no evidence that this is a good financial model." (Zit. in Variety vom 21. September 1998) Es erstaunt daher nicht, daß die wenigen Filme der Majors noch teurer, noch mehr vermarktet und in noch mehr Kinos gespielt werden, um einen Erfolg an der Kinokasse zu garantieren. Hollywood kann es sich nicht leisten, Risiken einzugehen und darauf zu warten, daß sich ein Film als erfolgreich entpuppen *könnte*.

Es ist folglich auch nicht überraschend, daß die Major Studios auf bereits bewährte Formeln zurückgreifen. Hollywood befände sich immer, so beschreibt es Goldman, auf der Suche nach dem „Zauber der Vergangenheit". (Goldman 1999, S. 68) Denn da das Filmgeschäft ein sehr riskantes Busineß ist und niemand genau sagen kann, was Erfolg haben wird und was flopt, wissen die Studiomanager wenigstens etwas mit Sicherheit: nämlich das, was bereits erfolgreich *war*. So bringen die Major Studios in ihrem jährlichen Output immer wieder Filme ins Kino, die auf bereits bekannte Quellen, ob jetzt Buch, Film, Artikel, TV-Serien oder Comics, basieren. Der Durchschnitt an Sequels, also Filmfortsetzungen, liegt in den 90er Jahren bei 7,9 Filmen pro Jahr. Würden alle anderen Filme, die keine wirklichen Fortsetzungen sind, aber auf bereits existierenden Vorlagen basieren, dazugerechnet, käme man auf eine um einiges höhere Zahl. Im Filmjahr 1995 bspw. stützten sich die Majors sehr stark auf *Remakes*, eine andere Art von Fortsetzung, in diesem Fall Neuinterpretationen bzw. Neuinszenierungen alter Klassiker: *Dr. Dolittle, Godzilla, The Nutty Professor, Cinderella, Flubber, Sabrina, Jackal, Bedazzled* oder *The Getaway, Diabolique*, um die wichtigsten zu nennen. Im Sommer 2001 bediente sich Hollywood ebenfalls des Zaubers der Vergangenheit. Die Blockbuster wie *Planet of the Apes, Tomb Raider: Lara Croft, American Pie 2, Jurassic Park 3* oder *Scary Movie 2* basieren alle auf der Filmvorlage eines Klassikers, auf einem Computerspiel oder sind als Fortsetzung bereits erfolgreicher Filme gedacht.

PRODUKTION BZW. FINANZIERUNG DER FILMPROJEKTE

Wie bereits mehrfach darauf hingewiesen wurde, werden in dieser Arbeit Studios und Firmen untersucht, die v.a. in Distribution tätig sind. Da alle Major Studios (außer Dreamworks) vertikal integriert sind, ist es interessant, auch ihre Produktionsweisen zu untersuchen und diese dann im nächsten Teil der Arbeit jenen der Independents gegenüberzustellen.

Die Produktion von Filmen ist ein weiteres Charakteristikum der Majors. Wie bereits dargestellt (Kapitel 2.1), dominierte in der Studio-Ära das *producer-unit-system*. Nach den *Paramount decrees* erlebte die unabhängige Filmproduktion einen Aufschwung, und die Majors stellten ihre Produktionsweise auf das flexiblere, von den Independents praktizierte *package-unit-system* um. Dieses Paket-System ist heute immer noch üblich, vor allem weil die Talent- bzw. Künstler-Agenturen immer bedeutender wurden und durch diese die Stars an Studios und Filmprojekte vermittelt werden. Meistens bieten diese *agencies* Filmpakete an, d.h. stellen für ein angehendes Filmprojekt Hauptdarsteller, Nebendarsteller und andere Künstler als Paket zum Angebot.

Eine weitere Produktionsweise kam im Schatten der aufsteigenden Indies Ende der 80er Jahre hinzu: Die Auslagerung der Finanzierung eines Filmprojekts. Da unabhängige Filmemacher meist kein Geld hatten und von keinem Studio gestärkt wurden, das die Produktion eines Projektes finanziell decken könnte, mußten sie andere Geldgeber suchen und fanden sie in unterschiedlichen Quellen wie Privatpersonen, Bankdarlehen, ausländischen Investoren, staatlicher Filmförderung usw. (Vgl. Goodell 1998, S. 4ff) Vielfach, wie z.B. bei Soderberghs *sex, lies, and videotape*, kann ein Film durch den (Vor-)Verkauf von TV- oder Videorechten finanziert werden. Legende machte auch Kevin Smith, der seine Kreditkarten bis ans Ende schröpfte, um 30.000 Dollar für sein Debütfilm *Clerks* (1994) aufbringen zu können. Viele dieser Filme haben oft noch gar keinen Filmverleih gefunden, d.h. der Film wird zwar produziert, aber noch nicht mit Sicherheit im Kino gezeigt. Deshalb wird meist über *sales agents* eine Distributionsfirma gesucht, an die dann der bereits angefertigte Film verkauft wird (= *acquistion deal*), oder die bereits während der Produktionsphase die Distribution für den Film gewährleistet und gewisse Kosten für die Fertigstellung des Films (Post-Produktion, Marketing) übernimmt (= *negative pickup arrangement*). Robert Rodriguez' Debüt *El Mariachi* (1993) wurde dadurch berühmt, daß die Herstellung des Films angeblich bloß 7.000 Dollar kostete. Als Columbia/Sony den Film überraschenderweise kaufte, wurde der Film erst kinotauglich gemacht. Rodriguez filmte ohne Ton, d.h. daß dieser erst nachgereicht werden mußte. Zudem müssen diese Filme auf meist 35mm-Filmformat 'aufgeblasen' werden, um sie im Kino auf die Leinwand projizieren zu können. Im Ganzen blieb es nicht bei den geheimnisvollen, PR-tauglichen 7.000 Dollar, sondern die Kosten für den Film beliefen sich schließlich auf über 200.000 Dollar.

Die Praxis der Akquisition und Auslagerung der Finanzierung sind typische Merkmale unabhängigen Filmeschaffens, was im Kapitel 4.3 genauer behandelt wird. Die Major Studios hingegen waren bislang immer darauf bedacht, die Finanzierung ihrer Filme selbst zu kontrollieren und ihre Filme selbst zu prouzieren. Untersucht man die Produktionsweisen der Majors in den 90er Jahren, ist ein Wandel erkennbar: Eigene Produktionen (will heißen: der Film wurde vom Studio alleine produziert, ohne Hilfe von außen) nehmen deutlich ab. 1991 wurden noch 21 Filme von den Majors finanziert, 1998 nur noch sechs.

Buena Vista finanziert seine Filme seit 1996 nur noch vereinzelt alleine (siehe Abbildung 11 und Anhang B[25]). Bei Universal kann seit 1993 keine selbst finan-

---

25 Für diese Erhebung wurde das Filmperiodikal The Motion Picture Guide als Hauptquelle benutzt. Da das Periodikal nur bis 1998 zur Verfügung stand, wurde auf ein Zugriff von Daten anderer Quellen (für die Jahre 1999 und 2000) verzichtet, um eine einheitliche Vergleichsbasis zu haben. Denn nicht alle Jahrbücher sind datenident, wenn sie die verantwortlichen Produktionsfirmen für Filme auflisten. The Motion Picture Guide ist und war für mich – nach Gegenchecks bei verschiedenen anderen Quellen – die zuverlässigste Quelle.

zierte Produktion gezählt werden. Auch alle anderen Major Studios verzichten immer mehr auf Einzel-Produktionen, mit Ausnahme von Fox, das im Vergleich zu den anderen Studios noch relativ häufig auf selbst finanzierte Produktionen setzt. 1998 bspw. kam kein einziger Film von Dreamworks, Paramount, Sony und Universal in die Kinos, die von diesen Studios alleine produziert wurden. Bei Buena Vista und Warner können je eine 'Ganz'-Produktion verzeichnet werden. Fox hebt sich davon ein wenig ab mit drei selbst finanzierten Produktionen. Dreamworks SKG verzichtet seit seinem Start (1997) gänzlich auf die früher übliche Praxis der Selbst-Finanzierung.

Die Majors haben hier eine Praxis der Independents zu ihrem Vorteil genutzt: Sie produzieren nicht mehr alleine, sondern lagern die Finanzierung ihrer Projekte aus und/oder co-finanzieren diese mit anderen Investoren. Wer sich im Kino schon vielfach darüber gewundert hat, daß vor dem Film vier, fünf Labels bzw. Studios erscheinen und im Vorspann des Films zunächst „Studio X präsentiert eine Produktion von Company Y in Zusammenarbeit mit Firma Z und Firma W einen Film von Regisseur M" steht, bevor überhaupt der Titel des Filmes erscheint, findet in der Praxis der Auslagerung der Finanzierung die Antwort. Das Studio X ist demnach meist nur Distributionsfirma, also 'präsentiert' den Film, der von der Company Y produziert wurde, wobei Firma Z und Firma W der Company Y finanziell zur Seite standen.

Der Vorteil dieser Praxis ist, daß ein finanzielles Risiko vermindert wird, da die Produktion nicht selbst kontrolliert wird, man sich also nicht darum kümmern muß, ob das Budget ausufert oder ob ein exzentrischer Filmregisseur anstelle der veranschlagten acht Monate Produktionszeit fast das Doppelte der Zeit benötigt. Die Produktionsfirma übernimmt also für das Studio diese Mühen und übergibt ihm dann das fertige Produkt zur Distribution. Zudem hat diese Praxis – je nach Deal – einen weiteren Vorteil: Gefällt einem Studio das gelieferte Produkt nicht, kann es sich weigern, es zu kaufen und zu distribuieren. Der große Nachteil der Auslagerung der Finanzierung (und somit auch der Kontrolle darüber) ist, daß man nicht mehr komplett über einen Film verfügen kann. Kauft man die Distributionsrechte eines Films, erhält man meist nur die Rechte für den nationalen Vertrieb. Den Zuschlag für den Vertrieb in den restlichen Ländern der Welt erhalten womöglich andere Studios, andere Verleiher. Dies bringt das Studio um viel Geld, welches im internationalen Markt zu holen wäre. Bei Koproduktionen stehen die Studios dem gleichen Problem gegenüber: Die Gewinne eines Blockbusters können nicht alleine eingestrichen, sondern müssen unter den Investoren aufgeteilt werden. Am Ende bleibt da oft nicht viel übrig. Aber Hollywood setzt lieber auf Nummer sicher, als ein zu großes Risiko einzugehen, und so dominiert immer mehr die Praxis der Co-Finanzierung bzw. der Akquisition von Filmen.

Alle Major Studios bedienen sich bevorzugt dieser beiden Möglichkeiten der Film-Finanzierung. Buena Vista ist fast nur in Koproduktion tätig. Mit den drei Produktionsfirmen Walt Disney, Touchstone und Hollywood stehen Disney bereits genügend Produktionsfirmen zur Verfügung, als daß zusätzliche Firmen herangezogen werden müßten. Alle drei Firmen produzieren jedoch nicht alleine, sondern immer in Kooperation mit anderen Partnern. Dreamworks SKG akquiriert keine Filme, sondern geht nur Koproduktionen ein. Bei Fox dominieren ebenfalls co-produzierte Filme. Bei Warner Bros. und Universal waren bis 1997 die im Kino gezeigten Filme mehrheitlich Akquisitionen, im Jahr 1998 konnten erstmals wieder mehr Koproduktionen als Akquisitionen gezählt werden (1997: Universal mit 5 Ko. und 7 Akq.; Warner mit 8 Ko. und 16 Akq.; 1998: Universal mit 11 Ko. und 4 Akq., Warner mit 13 Ko. und 11 Akq.). Akquisitionen dominieren bei Sony (bis 1995 auch vermehrt Ko-produktionen, aber seit 1996 wieder rückgängig) und Paramount, das gegen Ende der 90er verstärkt in Akquisitionen tätig ist (Höhepunkt 1997 mit 13 Akquisitionen gegenüber 5 Koproduktionen). Bei MGM übertraf 1998 erstmals die Zahl der akquirierten Filme die der bislang dominierenden co-produzierten Streifen.

Eine interessante Entwicklung ist die immer häufiger angewandte Praxis der Koproduktion mit einem anderen Studio (meistens einem Major). Von dieser Möglichkeit haben noch nicht viele Studios Gebrauch gemacht, aber seit 1995 können konstant einzelne Produktionen verzeichnet werden, wo zwei Studios bei der Finanzierung Hand in Hand gingen:

1995: *The Indian in the Cupboard*, produziert von Columbia/Sony und Paramount.

1996: *The Preacher's Wife*, produziert von Samuel Goldwyn Co. und Touchstone/Disney.

Twister, produziert von Universal (mit Amblin) und Warner Bros.

1997: *Titanic*, produziert von Paramount und Fox.
Starship Troopers, produziert von Columbia-Tristar/Sony und Touchstone/Disney.
1998: *Deep Impact*, produziert von Paramount und Dreamworks SKG.
Saving Private Ryan, produziert von Dreamworks SKG und Paramount.
Small Soldiers, produziert von Dreamworks SKG und Universal.

Die Abbildung zeigt, daß die Majors immer mehr auf selbst finanzierte Filmprojekte verzichten und sich auf die risikoärmere Auslagerung der Finanzierung konzentrieren, wobei ein Trend zu verzeichnen ist, daß die Majors wieder vermehrt auf co-produzierte Filme setzen.

Abbildung 11

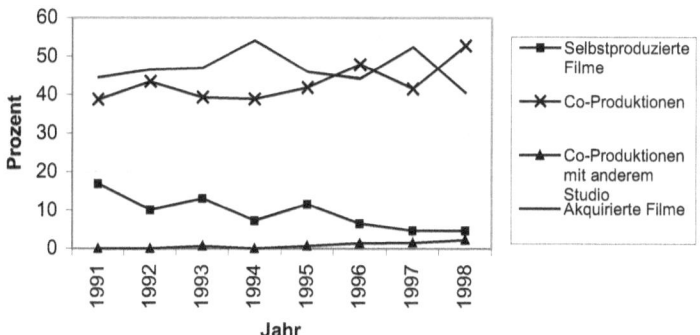

Quelle: eigene Erhebung

Um wenigstens über eine gewisse Kontrolle zu verfügen, gehen die Majors bei der Akquisition von Filmen Deals mit Produktionsfirmen und Filmemachern ein, d.h. sie binden innovative, erfolgsversprechende Produktionsfirmen oder Künstler (Drehbuchautoren, Regisseure, Schauspieler, etc.) vertraglich an sich, um deren Produkte, also Filme, vertreiben zu können. Mitte der 90er Jahre gingen die Major Studios in immer größeren Ausmaß Deals mit anderen Firmen ein. Gegen Ende des Jahrzehnts erkannten die Majors die Rastlosigkeit ihres Tuns, sie schlossen weniger Deals und konzentrierten sich auf die wirklich wichtigen Partner.

Abbildung 12
Deals der Majors mit (Produktions-)Firmen und Künstlern, 1997-2001 (bis Juli)

	1997	1998	1999	2000	2001
Disney	49	42	29	31	19
Dreamw.	15	26	26	24	17
Fox	56	44	41	25	22
MGM	5	7	7	11	17
Sony	33	34	35	29	32
Universal	39	37	34	29	21
Warner	37	43	26	27	24
Paramount	30	27	24	20	21
Total:	264	260	222	196	173

Quelle: Variety (vom 25. Juni 2001)

Zusammenfassend sind also drei Trends zu verzeichnen:

1) Selbst finanzierte Produktionen sterben aus.

2) Die Major Studios lagern ihre Finanzierung bzw. Produktion von Filmen aus. Entweder gehen sie Koproduktionen ein (sie holen sich Partner, die sie finanziell unterstützen sollen) oder sie kaufen die Filme auf (meist von Produktionsfirmen, mit denen Deals vereinbart wurden). Jedes Studio zeichnet sich durch eine für sie typische Produktionsweise aus, so daß hier nicht ein einheitlicher Trend zu verzeichnen ist.

3) Neue, und vermutlich auch im neuen Jahrtausend häufiger angewandte Praxis: Koproduktion mit einem anderen (Major) Studio.

SCREEN BEHAVIOR

Ein weiterer Untersuchungsgegenstand soll das *screen behavior* sein, d.h. das Verhalten der Distributionsfirmen, wenn sie ihre Filme ins Kino bringen. Genauer: Auf wie vielen Leinwänden werden ihre Filme gezeigt? Wir haben bereits gesehen, daß die Major Studios die Praxis des *saturation booking* immer mehr verstärken und daß *wide releases* von über 3.500 Leinwänden im Jahr 2001 keine Ausnahmeerscheinungen sind.

In der Analyse des *screen behavior* wurde untersucht, wie viele Filme im jeweiligen Jahr auf wie vielen Leinwänden gespielt wurden. Die Einteilung der Leinwände fand in 500er-Schritten statt. Zudem wurde gezählt, wie viele Filme des Jahres *wide releases* waren (die Grenze liegt bei 600 Leinwänden, eine Einteilung wie sie bspw. Variety vornimmt), und welche Filme *platform releases* waren. Als *platform releases* werden Filme bezeichnet, die nicht bereits am ersten Wochenende auf Tausenden von Leinwänden spielen (also kein *wide release*), sondern die sich langsam durch die Kinos vorarbeiten, langsam anlaufen. Ein typischer und erfolgreicher Verlauf einer *platform release* offenbart bspw. Lasse Hallströms fünffach oscar-nominierter Film *Chocolat* (2000). Miramax brachte den Film zunächst auf nur acht Leinwänden in die Kinos, erhöhte schließlich die Anzahl auf 255, und als Miramax das Potential des Films erkannte und dieser beim Publikum gut ankam, wurde der Film in noch weiteren Kinos gezeigt, bis der Film am Höhepunkt auf 1.928 Leinwänden die Kinobesucher entzückte. Als *platform release* wurden aber auch all jene Filme gezählt, die vielleicht auf zunächst 12 Leinwänden ihre Premiere feierten und dann in einem zweiten Anlauf auf lediglich nur noch etwa 45 Leinwänden gezeigt wurden.[26]

---

26 Zur Untersuchung der *screen behavior* (leider gibt es kein adäquates deutsches Wort) folgende Anmerkungen:

– Bei der Zählung der *wide releases* bzw. *platform releases* zählt das Startwochenende. Wenn ein Film also zuerst auf bspw. zwei Leinwänden gezeigt wurde, dann aber auf bspw. 1.600, wird der Film als *platform release* gezählt. Major Studios bringen die meisten ihrer Filme auf bereits über 2.500 Leinwänden in die Kinos. Ist der Film erfolgreich, erhöhen sie vereinzelt die Anzahl der Leinwände. Solche Filme werden nicht als *platform release* gezählt, da sie die Grenze von 600 Leinwänden bereits überschritten haben und somit als *wide release* eingeteilt werden. Spielt ein Film auf bspw. nur 320 Leinwänden und die Anzahl erhöht sich anschließend nicht, ist er weder *wide* noch *platform release* und erscheint nicht in der Tabelle (es kann daher sein, daß vielfach die Summe der *platform* und *wide releases* nicht mit der Auflistung übereinstimmt, die die Filme in 500er-Stufen zählt).

– Bei den 500er-Stufen ist jeweils die höchste Anzahl an Leinwänden von Bedeutung. Läuft ein Film also auf 15 / 750 / 2.600 Leinwänden, wird die höchste Anzahl (also 2.600) herangenommen. Der Film erscheint in der Tabelle dann als Film der Gruppe 2.500-3.000.

– Die Auflistung hält nicht den Anspruch auf Vollständigkeit. Vor allem in den frühen 90er-Jahren konnten nicht alle Informationen vollständig herangezogen werden (beson-

Es ist nicht sinnvoll, das *screen behavior* jedes einzelnen Studios graphisch darzustellen. Da sich die Majors hinsichtlich *screen behavior* kaum unterscheiden und in die gleiche Richtung entwickeln, sollen zwei Beispiele – Fox und Paramount – dargestellt werden, die auch all die anderen Majors repräsentieren. Im Anhang D ist die *screen behavior* aller Majors tabellarisch dargestellt.

Abbildung 13
Screen Behavior. Typischer Verlauf der Major Studios, Beispiel: Paramount (1991-2000) [27]

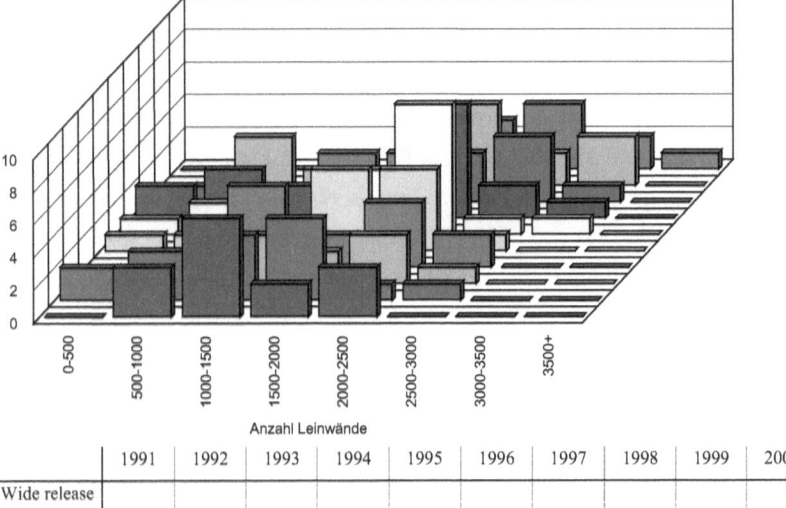

	1991	1992	1993	1994	1995	1996	1997	1998	1999	2000
Wide release (600+)	13	12	10	13	13	17	16	11	13	12
Platform release	1	2	1	1		1	1	1	2	

---

ders bei den Independents), ab 1995 ist die Auflistung mehrheitlich vollständig. Bei den Major Studios darf aber von einer gewissen Gültigkeit und Vergleichbarkeit der Daten ausgegangen werden, da die herangezogenen Quellen (v.a. www.imdb.com und www.boxofficeguru.com) höhere Anzahl von Leinwänden immer angeben. Da die Majors hauptsächlich in diesem Bereich tätig sind (1.000 Leinwände und mehr) dürfte dieser daher vollständig abgedeckt sein.

27 In den Graphiken der Screen Behavior werden die Jahreszahlen von unten nach oben dargestellt, d.h. die vorderste Reihe steht (in der Abbildung 13) für das Jahr 1991, die hinterste Reihe für 2000.

Abbildung 14

Screen Behavior. Typischer Verlauf der Major Studios, Beispiel: Fox (1991-2000)

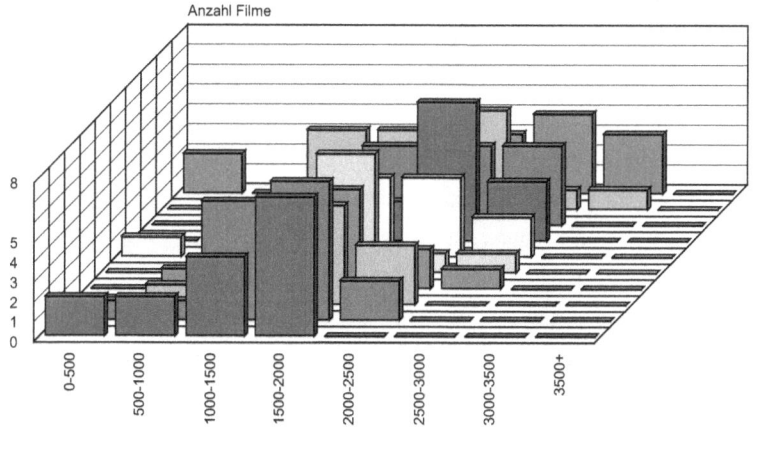

	1991	1992	1993	1994	1995	1996	1997	1998	1999	2000
Wide release	10	15	14	12	10	12	14	10	15	12
Platform	5	2		1	1	1	1	3		

Quelle: eigene Erhebungen

Die beiden Beispiele zeigen sehr schön, wie sich die Anzahl der Leinwände in der Graphik immer mehr nach rechts hinten bewegt, also sich die Anzahl der Leinwände mit den Jahren erhöht. 1991 konzentrierten sich die Majors auf den Bereich 1.000 bis 2.000 Leinwände. Zehn Jahre später erhöht sich der Durchschnitt um 1.000 Leinwände, und mittlerweile sind Filme über 3.000 Leinwände keine Seltenheit mehr (Paramounts 3.500+-Film war übrigens *Mission: Impossible 2*). Wenn man die Zahl der *wide releases* mit jener der *platform releases* vergleicht, sieht man, daß bei den Majors die Praxis des *saturation booking* klar dominiert, nur vereinzelt kommen die Filme als *platform release* (und daher auch unter 600 Leinwänden) in die Kinos. Das Verhalten von Buena Vista und Sony sind diesem Verlauf sehr ähnlich (siehe Anhang D). Auch Warner und

Universal fallen nicht ab. Warner Bros. war aber den Majors bereits ein wenig voraus, als das Studio im Jahr 1991 den Film *Robin Hood: Prince of Thieves* auf 3.175 Leinwänden spielen ließ. Ein Jahr später folgten mit *Batman Returns* (2.640 Leinwände) und *Lethal Weapon 3* (2.510 Leinwände) zwei Filme für die 2.500-3.000-Sparte. Das Studio kennzeichnet sich durch eine starke Konzentration auf den Bereich 3.000-3.500-Leinwände in den Jahren 1999 und 2000 aus. Universals Verlauf ist ebenfalls major-typisch, nur soll hier darauf hingewiesen werden, daß bereits im Jahr 1997 mit der Dinosaurier-Fortsetzung *Lost World: Jurassic Park* die 3.500+-Hürde geknackt wurde (der Film wurde zunächst auf 3.281 Leinwänden in die Kinos gebracht, schließlich wurde die Anzahl auf 3.565 erhöht). Die Studios MGM und Dreamworks präsentieren einen nicht ganz so kontinuierlichen Verlauf. MGMs Output ist aufgrund seiner finanziell angeschlagenen Lage nicht konstant und weist daher beim *screen behavior* gewisse Lücken auf (im Jahr 2000 bspw. brachte das Studio nur fünf Filme ins Kino, zwei davon auf unter 1.000 Leinwänden, die anderen drei auf zwischen 2.000 und 2.500). Vom Grundmuster her folgt MGM jedoch dem major-typischen Verlauf von links unten nach rechts oben. Dreamworks ist erst seit 1997 mit Filmen in den Kinos präsent, so daß hier keine Entwicklung abgelesen werden könnte. Das Studio kämpft mit im Spiel um die größtmögliche Anzahl an Leinwänden, und bereits im Startjahr 1997 wurden zwei seiner drei Produktionen auf über 2.000 Leinwänden gezeigt. Es ist absehbar, daß sich auch Dreamworks 'nach rechts oben' (also die Zunahme von Leinwänden) bewegt, hat aber noch nicht die 3.500-Hürde überschritten. (Die Untersuchung ging bis zum Jahr 2000; im Jahr 2001 hat auch Dreamworks diese Hürde mit dem digital hergestellten Trickfilm *Shrek* geknackt.)

Year behavior

Ein weiteres Untersuchungsmerkmal war das Verhalten der Distributionsfirmen im Jahresverlauf, d.h. es wurde folgende Frage untersucht: Zu welchen Jahreszeiten verstärken die Studios ihre Präsenz in den Kinos, also wann bringen sie bevorzugt ihre Filme ins Kino? Es ist bekannt, daß die Major Studios vor allem im Sommer und Winter, also in der Ferienzeit, um die Gunst ihres Publikums buhlen und dort verstärkt ihre Blockbuster ansetzen. Für die Untersuchung wurde das Filmjahr in vier Saisons geteilt: 1. Januar – 15. Mai; 16. Mai – 15. August; 16. August – 15. November und 16. November – 31. Dezember. Diese Einteilung erfolgte aus folgenden Gründen: die Monate Januar bis Mitte Mai versprechen für die Studios nicht unbedingt Erfolg. Ab Mitte Mai, also vor dem verlängerten Wochenende um den *Memorial Day*-Feiertag (am letzten Montag im Mai) beginnt für Hollywood die Sommer-Saison und dauert über die ganze Ferienzeit hinweg (inkl. *Independence Day* am 4. Juli). In dieser Zeitspanne erwarten die Studios am meisten Kinobesucher. Der 15. August wurde als Ende der Sommersaison definiert, um den Sommer nicht zu lange dauern zu lassen. Es ist nicht sinnvoll, einen Ende August gestarteten Film als Film der Sommersaison zu bezeichnen. Die Herbstsaison dauert bis Mitte November, ab dann stellt sich Hollywood auf die Weihnachts- und Ferienzeit ein und setzt wieder vermehrt Blockbuster auf den Terminkalender.

Bei der Interpretation ist Vorsicht geboten: Die vier Perioden dauern nicht alle gleich lang! Eine konstante Verteilung innerhalb eines Jahres (d.h. in allen vier Saisons werden gleich viele Filme gezählt) bedeutet nicht, daß das Jahresverhalten wirklich konstant ist. Da die Winterperiode nur eineinhalb Monate dauert und die Frühlingsperiode ganze fünfeinhalb, muß die Verteilung immer relativiert werden. Wenn also im Frühjahr gleichviel Filme gezählt werden wie in der Winterperiode, heißt dies, daß der Winter bezüglich des Einsatzes von Filmen als konzentrierter zu fassen ist.

Versucht man sich in einer Interpretation der Daten (Anhang C), kann folgendes gesagt werden: Buena Vista verteilt seine Filme gleichmäßig auf das ganze Jahr. Anfangs der 90er Jahre lag die Konzentration auf der ersten Jahreshälfte, seit 1997 ist die Verteilung der Filme im Gleichgewicht. Dreamworks verteilt seine Filme ebenfalls auf das ganze Jahr. Im Jahr 2000 war das Studio von Steven Spielberg und Co. massiv im Sommer tätig: Von zehn Filmen wurden vier im Zeitraum zwischen 16. Mai bis 15. August in die Kinos gebracht (*Road Trip*, 19.5.; *Small Time Crook*, 19.5.; *Chicken Run*, 21.6.; *What Lies Beneath*, 21.7.). Fox offenbart im Laufe der untersuchten Jahre keine tendenzielle Entwicklung, setzt den Starttermin seiner Filme aber häufig in den Sommer (1991: 7 von 16 Filmen; 1995: 5 von 11; 1998: 7 von 13 und 2000: 5 von 14). Paramount zeigt auf der Tabelle eine konstante Verteilung, was jedoch bedeutet, daß das Studio seine Filme bevorzugt in der zweiten Jahreshälfte startet. Bei Sony ist keine Tendenz erkennbar. Die Filme sind über das ganze Jahr hinweg verteilt, dasselbe gilt für Universal. Warner präsentiert eine konstante Verteilung mit leichter Konzentration auf den Herbst. Bei MGM ist keine Tendenz zu erkennen. Das Studio meidet jedoch in seiner Distributionsweise die Saisons Sommer und Winter. Es will anscheinend den anderen Majors nicht in die Quere kommen.

In einer graphischen Darstellung des Jahresverhaltens aller Majors (auf die Daten von Dreamworks [zu kurz auf dem Markt] und MGM [zu unkonstant] wurde verzichtet), läßt sich – trotz unterschiedlicher Gewichtung einzelner Studios – ein Gesamttrend über die Jahre hinweg ablesen. Es wurden alle Filme der Majors in der jeweiligen Saison zusammengezählt und als prozentualer Anteil an der jährlichen Gesamtanzahl dargestellt.

Abbildung 15

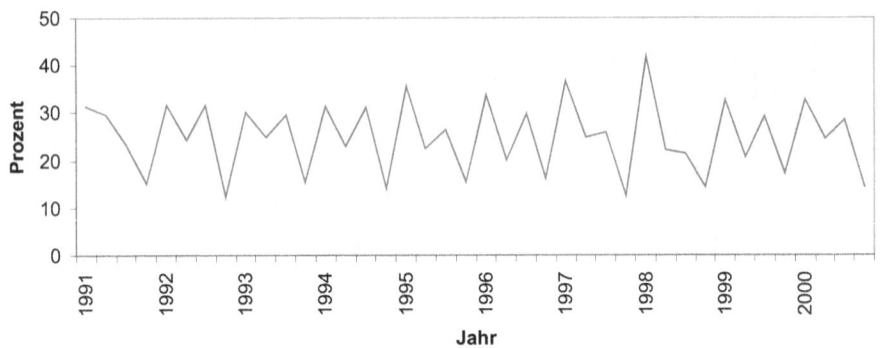

Quelle: eigene Erhebung

Eine periodische Abfolge ist zu erkennen: In der Graphik ist die Anzahl der Filme der Frühlingssaison am höchsten. Im Sommer fällt die Kurve und steigt im Herbst leicht an. Der Winter verbucht die geringste Anzahl eines jeden Jahres. Aufgrund der unterschiedlichen Dauer der Perioden (Saison 1 ist die längste, Saison 4 die kürzeste; siehe oben), kann hier also davon ausgegangen werden, daß sich die Majors zum einen über das Jahrzehnt konstant verhalten und zum anderen ihre Filme relativ konstant über das Jahr hinweg verteilen. Da die Sommer- und Herbstsaison in dieser Untersuchung gleich lange dauern (drei Monate), ist ein leicht verstärkter Auftritt in den Herbstmonaten zu verzeichnen. Es darf angenommen werden, daß die Majors in den Sommermonaten vorsichtiger agieren als im Herbst. Im Sommer ist viel Geld zu holen, die Studios agieren hier nicht willkürlich, sondern lancieren in dieser Saison bevorzugt und strategisch ihre Prachtexemplare, die Blockbuster. Eine Untersuchung der jeweils drei erfolgreichsten Filme jedes einzelnen Studios von 1991 bis 2000 zeigt, daß die großen Gewinne der Majors in diesen Monaten gemacht werden und sie daher zu Recht in dieser Saison vorsichtiger agieren (Daten siehe Anhang E). Die Daten werden wiederum als prozentualer Anteil dargestellt.

Abbildung 16

Top-3-Filme der Majors ausserhalb Blockbuster-Saison

Quelle: eigene Erhebung

Gegen Mitte der 90er Jahre lagen fast alle Blockbuster in den Sommermonaten bzw. der Weihnachtszeit. 1995 erreichte die Anzahl der Filme, die außerhalb dieser Saisonzeiten ins Kino kamen, ihren Tiefpunkt mit lediglich vier Filmen von insgesamt 21 Top-3-Filmen der Majors. Seit 1996 steigt diese Zahl jedoch wieder leicht an, so daß fast jeweils ein Drittel der Studio-Blockbuster (1997 stieg die Gesamtzahl auf 24, da Dreamworks hinzu kam) außerhalb der Major-Zeiten angesetzt wurden. Im Jahr 2000 sind aber bereits wieder weniger als 30 Prozent der Top-Filme des Jahres außerhalb der Blockbuster-Zeiten gestartet worden.

4.2.3 Fazit: Hollywood bleibt im Mainstream

Resümierend muß angenommen werden, daß Hollywood und die Majors nicht bzw. nur teilweise in Richtung Independent Film gehen. Mit Ausnahme des erfolglos agierenden Studios MGM haben wir gesehen, daß sich die Majors in ihren Distributions- als auch Produktionsweisen stark ähnlich sind und an die bisherigen Formeln und Praktiken halten und diese sogar noch verstärken:

- Sie produzieren immer eine große Menge Filme, um durch *Cross-Collateralization* Gewinne und Verluste abfedern zu können.
- Sie produzieren konstant Sequels und Filme, die auf bereits (erfolgreich) erprobten Inhalten basieren.
- Die Marketing- und auch Produktionskosten für Major-Filme steigen weiterhin an.
- *Saturation booking* wird noch verstärkter praktiziert. Filme werden sogar schon auf bis zu 3.500 Leinwänden gezeigt. *Wide release* ist die gängigste Form von Distribution.
- Die Majors setzen ihre Top-Filme bevorzugt in den Sommermonaten und zur Weihnachtszeit an, in einer Phase, in der am meisten Geld zu holen ist. Ansonsten verteilen sich ihre Filme auf das ganze Jahr, ohne eine besondere Konzentration auf eine bestimmte Jahreszeit.

Die Bewegung des aufstrebenden Independent Films ist an den Majors aber nicht ganz spurlos vorübergegangen:

- Die Major Studios haben das Publikum des Indie-Sektors als mögliche Zielgruppe erkannt. Nach den Erfolgen von einigen Indie-Filmen ab Ende der 80er Jahre kauften sich die Majors Indie-Studios wie New Line oder Miramax oder gründeten eigene *Classic*-Labels, um den Nischenmarkt der Indies abzudecken. Zwar kann hier nicht von einer inhaltlichen Verschmelzung von Mainstream und Independent gesprochen werden, da hier nicht etwas *zusammen*kommt, sondern *dazu*kommt, das Portfolio der Studios also erweitert wird (horizontale Produktdifferenzierung). Die Tatsache, daß die Major Studios verstärkt auch im Indie-Sektor tätig und präsent sein wollen, zeigt jedoch den Status des Independent Films in den 90er Jahren und gibt ihm neue Möglichkeiten, sich zu entfalten.

- Besonders hinsichtlich der Produktion bzw. Finanzierung greifen die Major Studios auf Modelle zurück, die vor allem von den Independents praktiziert werden: Auslagerung der Produktion und/oder Kauf von Filmen. So wird fast kein Major-Film mehr von einem Studio alleine produziert. Die Studios gehen Kooperationen mit anderen Investoren ein oder schließen Verträge mit anderen Produktionsfirmen und kaufen schließlich deren angefertigte Filme. Akquisitionen und Koproduktionen dominieren als Produktionsweise der Majors. Hier hatte das unabhängige Kino sicherlich einen großen Einfluß, der nun in den 90er Jahren seine Blüten trägt und sich fest bei den Majors verwurzelt. Die Major Studios erkannten die Vorteile, Filme nicht selbst zu produzieren, und nutzen das Modell der Indies, um mit einem geringeren finanziellen Risiko den weltweiten Markt zu durchdringen.

Es soll hier auf eine junge Entwicklung hingewiesen werden: Disney arbeitete bei der Produktion des Blockbusters *Pearl Harbor* (2001) mit einem bislang noch nicht Major-erprobten Modell, welches ansonsten nur bei *low-budget*-Filmen angewandt wird: Die Finanzierung des Films lief über so genannte *deferments*. Damit sind Zahlungen für die ganze Filmcrew gemeint, die erst im Nachhinein vollzogen werden. Zunächst arbeitet die Crew für einen niedrigeren als den sonst üblichen Tarif. Sobald der Film in die Break-Even-Zone kommt, wird den Crewmitgliedern der Rest nachgezahlt. Wenn der Film flopt, bleibt es bei diesem niedrigeren Tarif. „The production of 'Pearl Harbor' may forever change the way Hollywood makes its megapics, insiders believe", schreibt Lyons in Variety. (Variety vom 20. März 2000). Dieses Modell wurde bspw. auch schon bei der Produktion des Oscar-gekrönten 'Indie' *The English Patient* (1996) herangezogen. (Vgl. ebd.) Das Modell funktionierte allerdings dort nicht zufriedenstellend. Dem Film drohte während der Produktionsphase das Aus, Miramax übernahm und half den Produzenten aus der Patsche. Die Folge war ein Rechtsstreit zwischen den Produzenten und dem Studio darüber, wem nun wie viel Geld zusteht.

Es bleibt abzuwarten, welches Finanzierungsmodell sich in naher Zukunft am besten bezahlt macht. Neue Modelle finden die Majors aber in jedem Fall in den Finanzierungsmodellen aus dem Independent-Sektor.

Daß bei der Produktion auf Modelle der Independents zurückgegriffen wird, zeigt, daß in Hollywood – trotz den Erfolgen und Milliardenumsätzen – eine latente Unsicherheit herrscht. Hollywood ist nicht nur auf der Suche nach einer Formel, wie man einen Film inhaltlich so produziert, damit er Gewinn macht (und meint mit *High Concept* eine brauchbare Strategie gefunden zu haben); Hollywood sucht auch ständig nach neuen Formen der kostengünstigsten Finanzierung, der risikoärmsten Produktionsweise, ohne aber am Ende schlecht abschneiden zu wollen. Die oben angesprochene latente Unsicherheit zeigt sich auch darin, daß Menschen aus der Branche ständig klagen, wie inflationär dieses Geschäft geworden sei und daß sich unbedingt etwas ändern müsse.

Einige Statements des letzten Jahrzehnts, die meist ohne Folgen blieben:

1991: Ein nicht namentlich genannter Studioboss sagt: „There is a mood of rationality this summer that was missing last summer" (zit. in Variety vom 10. Juni 1991), und die Studios sagen, sie würden nicht die gleichen Fehler wie im Sommer 1990 begehen wollen und weniger und billigere Filme drehen. Die Vernunft wurde zerschlagen von Sommer-Blockbuster wie *Batman*, *Total Recall* und *Robin Hood*. Nach Sommer '91 verkündet Variety, die Studios würden für das nächste Jahr weniger Filme produzieren und sich auf einzelne Blockbuster konzentrieren. (Vgl. Variety vom 5. August 1991)

1992: Fox' damaliger Leiter der Filmabteilung, Joe Roth, verspricht nach hartem Sommer-Kampf für das Jahr 1993: „The only difference, for 1993, is that there will be only one movie that cost more than $35 million [Rising Sun; d. A.]. Next year there is no 'Toys', no 'Last of the Mohicans'. There's hardly anything over $25 million." (Zit. in Variety vom 7. September 1992) Die Studios beginnen das Jahr 1993 aber – angespornt von den Box Office-Erfolgen des vorherigen Jahres – wie gehabt: „Film production will be up, and releases will rise", verkündet Variety. (Variety vom 4. Januar 1993) Und Fox („there will be only one movie that cost more than $35 million") hat plötzlich neben *Rising Sun* auch die nicht gerade billigen Blockbuster *Hot Shots 2* und *Die Hard 3 – Stirb langsam 3* auf dem Terminkalender.

1993: Variety zieht Bilanz und muß erkennen: „Despite all the promises and pronouncements, Hollywood still can't kick the habit. The megapic habit, that is." (Variety vom 8. März 1993)

1997: Nach Sommer 1997, und Erfolgen wie *The Full Monty* (Fox Searchlight) oder *Bean* (Gramercy) waren sich die Major Studios wieder einig, billigere Filme zu produzieren. Variety: „Not long ago, producers and writers were gripping about the futility of pitching anything less costly than a Tom Cruise vehicle or a $60 million-plus effects-driven actioner. What a difference six naked guys, a little 'Soul Food' and one 'Bean' can make." (Variety vom 17. November 1997)

1998: Sommer '98 war „the summer that ate Hollywood", so der Untertitel für Peter Barts amüsantes Buch (1999) über einen ereignisreichen Film-Sommer. Blockbuster wie *Godzilla* oder *Deep Impact* hatten größte Mühe Gewinn einzuspielen. Und als nach *Deep Impact* mit *Armageddon* ein zweiter Komet auf die Erde rasen wollte, und man fürchtete, das Publikum wolle nicht noch einen weiteren Katastrophenfilm sehen, floß beim Disney-Studio der Angstschweiß. *The Avengers* war der Flop des Jahres. Nach dem Sommer verkündeten die Studios wiederum: „[…] the party is over – at least for a while." (Variety vom 21. September 1998) Das Filmgeschäft sei „in a serious retrenchment". (Ebd.) Bob Daly, stellvertretender Vorsitzender bei Warner, sagt: „We are definitely cutting back the number of movies we are doing." (Ebd.) Die Studios waren sich einig, „the lessons of summer '98 were delivered with alarming clarity" (Bart 1999, S. 271ff): Weniger Filme, weniger Blockbuster mit aufwendigem Budget und mehr kostengünstigere Komödien und Genrefilme für die junge Generation. Ersteres wurde erst im Jahre 2000 erstmals erkennbar vollzogen, zweiteres kann nur belächelt werden (Filme wie *Matrix*, *Tomb Raider*, *Star Wars: Episode 1*, *The Mummy*, *Pearl Harbor*, etc. beweisen das Gegenteil), und letzteres wurde mit unzähligen *American-Pie*-Nachfolgern wie *Three to Tango* (1999, Budget: 20 Millionen Dollar), *Road Trip* (2000, 15.6 Mio.), oder *Dude, where is my car?* (2000, 13 Mio.) halbwegs erfolgreich umgesetzt.

Hollywood bleibt in der *High-Concept*-Spirale gefangen, das Blockbuster-Syndrom greift um sich, in den 90er Jahren stärker als je zuvor. Auf der Suche nach Erfolg wagen es die Majors nicht, mutig zu werden, ihr Konzept zu ändern, von den finanziell ausufernden Mega-Blockbustern wegzukommen und auch einmal Filme mit Ecken und Kanten zu drehen. Ausnahmen wie *The Truman Show* (1998), *Rushmore* (1998) oder *Election* (1999) geben Hoffnung, sind jedoch Randerscheinungen. Jedes Jahr beklagen sich die Studios weinerlich über das Filmgeschäft, viele wollen angeblich raus. Entweder belügen sie sich bewußt selbst, wenn sie nach jedem Sommer verkünden, daß es so nicht weiter gehen kann, oder sie können einfach nicht anders: „The studio's thinking will never change", zitiert Variety-Chefredakteur Peter Bart einen Produzenten. (Bart 1999, S. 287)

4.3 Die Independents zwischen Kunst und Kommerz

4.3.1 Auf den Spuren der Majors

Die Annahme liegt nahe, daß die Independents der 90er Jahre – mit Ausnahme der erst 1998 gegründeten (und unabhängigen) *Macro-Indies* Artisan und Lions Gate, – aufgrund ihrer Major-Zugehörigkeit auch major-typische Praktiken übernommen haben. Die großen Studios geben ihren Schützlingen finanziellen Rückhalt, um im Indie-Geschäft möglichst erfolgreich präsent zu sein und Talente zu finden, die dann Produktionen für das Studio übernehmen sollten. Durch diesen Rückhalt erweitern sich die Möglichkeiten der Indies, aber leider auch die damit eingegangene Verantwortung gegenüber der Majors. Die unabhängigen Firmen können nicht beliebig agieren. Kalkulierte, systematische Distributions- und Produktionsweisen sind vonnöten, um Erfolg zu haben. Neben vielen Praktiken des Independent Films wie *platform release* oder Konzentration auf Akquisition von Filmen kommen in den 90er Jahren Merkmale hinzu, wie sie auch die Majors offenbaren: Die Box Office einzelner Studios vermischen sich mit denen der Majors, viele Independents integrieren sich vertikal als auch horizontal, Produktions- und Marketingkosten steigen (nur im Vergleich zu den Majors im etwas kleineren Rahmen), und viele Hollywood-Stars, die sonst nur im und für den Mainstream tätig waren, sind nun auch in Indie-Produktionen zu sehen. Independents erlebten in den 90er Jahren nicht nur einen Aufstieg, sondern begaben sich auch gleich auf die Spuren der Majors und prägen immer mehr die Filmlandschaft Hollywoods.

Bereits im Jahr 1993 übertreffen die beiden *Major Indies* New Line Cinema (170.8 Mio.) und Miramax (148.4 Mio.) hinsichtlich ihrer Einspielergebnisse den angeschlagenen Major MGM (91.3 Mio.) (siehe Abbildung 17 und Anhang A). Ein Jahr später waren die beiden Indies immer noch dem Major voraus. Gramercy kommt der 100 Millionen-Marke bereits sehr nahe. Ein vielversprechendes Jahr war 1997: Miramax und New Line liegen klar vor MGM und Dreamworks, und ihre Box-Office-Zahlen nähern sich den 500 Millionen Dollar. Gramercy liegt auch in diesem Jahr gut im Rennen. Bei Miramax wird offensichtlich, daß das große Geld vom Genre-Label Dimension Films kommt, das im Jahr 1997 bereits für fast die Hälfte des Miramax-Gesamtgewinns verantwortlich ist. 1998 überschreitet New Line erstmals die 500 Millionen Dollar-Hürde. *Blade* (70.1 Mio.) und *Rush Hour* (141.2 Mio.) waren die großen Abräumer des Jahres. Zusammen mit Miramax überholt New Line in diesem Jahr die beiden Majors Universal und wiederum MGM. Das frisch in den US-Markt eingestiegene europäische Studio Polygram zählt am Ende des Jahres bereits über 100 Millionen Dollar Einnahmen aus den Kinokassen. Zur Jahrtausendwende liegen New Line, Miramax, MGM und Dreamworks gleich auf (alle zwischen 300 und 320 Millionen). Artisan liegt knapp unter 200 Millionen, USA Films nähert sich den 100 Millionen. Im Jahr 2000 verpaßt Miramax die 500 Millionen-Grenze nur knapp. Im Jahr 2001 liegen die Einspielergebnisse von USA Films und Sony Pictures Classics bei bereits über 100 Millionen; für den eher klein und unauffällig agierenden *Classic Indie* Sony Pictures Classics ein erfreuliches und überraschendes Ergebnis.

Abbildung 17

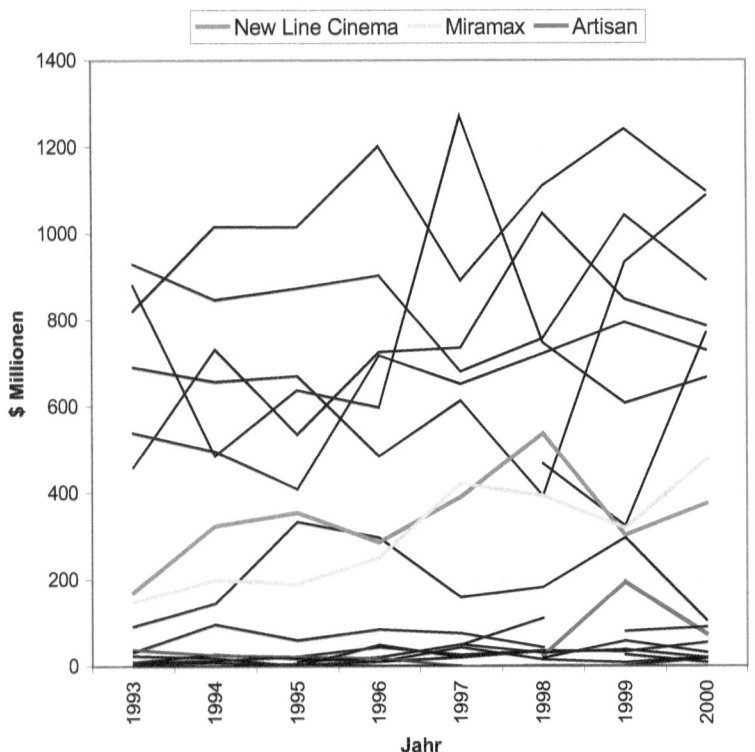

Quelle: eigene Erhebung

Zwischen Majors (oberer Bereich) und Indies (unterer Bereich) klafft zwar immer noch eine Lücke (für komplette Angaben siehe Anhang A). Die Graphik zeigt aber sehr deutlich, daß sich teilweise die Box Office-Zahlen der Independents New Line (rot), Miramax (gelb) und 1999 auch Artisan (blau) in den Bereich der Majors vorstoßen und bereits die 200-Millionen-Hürde überschreiten oder anvisieren. Die beiden *Major Indies* New Line und Miramax konnten ihre Einspielergebnisse seit 1993 erheblich steigern, und es ist anzunehmen, daß sie in Zukunft noch weiter in den Bereich der Majors vorstoßen werden. Alle anderen Indies, vor allem die *Classic*-Divisionen, agieren aber immer noch im Bereich unter 100 Millionen.

Diese Verschmelzung der Einspielergebnisse darf nicht zur Annahme führen, daß Independent Filme fast genauso gewinnbringend sind wie die Filme der Majors. Viele der erfolgreichen Indie-Filme sind „Independent in name, but not in spirit", wie Roddick beschreibt. (Roddick 1998, S. 24) Die bereits erwähnten New Line-Filme *Rush Hour* und *Blade*, aber auch Filme wie *The English Patient* (Miramax, 1996), *Shakespeare in Love* (Miramax, 1998), die Adam-Sandler-Blödelei *Little Nicky* (New Line, 2000), der Alien-Verschnitt *Pitch Black* (USA Films, 2000) und viele andere 'Indies' lassen erahnen, daß hier nicht künstlerische, persönliche, visionäre und ambitionierte (von der Thematik her als auch der filmischen Behandlung) Filme die Kinokassen füllten. Diese Filme lehnen sich stark dem Mainstream an, wie ihn Hollywood nicht besser produzieren könnte. Die bereits erwähnte, immer größer werdende Bedeutung des Miramax-Labels Dimension ist da nur ein Beispiel. Dimension produziert Genre-Filme, die Geld machen sollen, und nichts anderes. Hier werden zudem Fortsetzungen *en masse* produziert (*Scream 1, 2* und *3*; *Scary Movie 1* und *2*, *Halloween H2O: Twenty years later*). In der Analyse der Produktions- und Distributionsweisen der Indies (Kapitel 4.3.2) werden wir sehen, daß das Miramax-Label stark major-typisch agiert. Der Erfolg gibt ihm jedoch recht: Ohne Dimension würde Miramax vielfach nur die Hälfte seiner Gewinne machen. Die Graphik zeigt Dimensions Anteil am jährlichen Miramax-Gewinn.

Abbildung 18

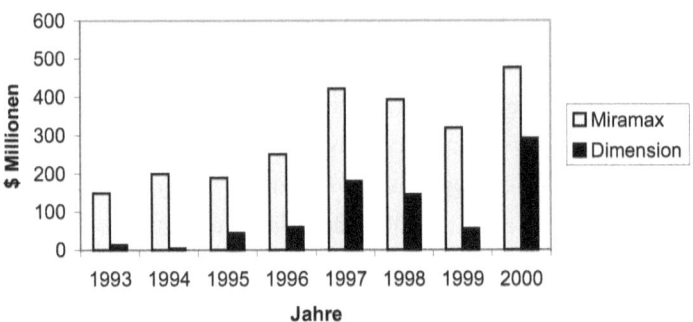

Quelle: eigene Erhebung

Labels wie Dimension sind auch dafür verantwortlich, daß sich die Produktions- als auch Marketingkosten für Independents steigern. Die Produktion von Dimensions *Scream 3* (2000) bspw. kostete bereits 40 Millionen Dollar. Das Label ist jedoch nicht alleine für die Kostensteigerung verantwortlich. Auch die anderen 'Indies' machen diese Steigerung mit, genauso wie die Major Studios. Am Ende des Jahres 1995 zählte Pierson beim Miramax-Line-up sechs Filme, deren Produktionskosten über 18 Millionen Dollar betrugen (*Mighty Aphrodite, The Journey of August King, Crossing Guard, Two Bits, Things to Do in Denver When You're Dead, Four Rooms*). (Vgl. Pierson 1995, S. 357) New Line konnte erstmals mit den Majors mitfühlen, als der Actionfilm *The Long Kiss Goodnight* (1996) erbärmlich flopte (65 Mio. Produktionskosten plus 25 Mio. Marketing; 32.8 Mio. Einnahmen).

Nur wenige Indie-Studios bleiben ihren Grundsätzen treu, billige Nischenprodukte auf kostengünstigste und effiziente Art und Weise zu distribuieren. Sony Pictures Classics nahm sich zum Ziel, sich auf Filme zu konzentrieren, deren Budget unter vier Millionen Dollar liegt. Eine Ausnahme war das chinesische Märchen-Epos *Crouching Tiger, Hidden Dragon* (2000), das 15 Millionen kostete. Fox Searchlight oder Paramount Classics konzentrieren sich ebenfalls auf Filme mit niedrigen Produktionskosten. Andere Distributionsfirmen wie Artisan oder USA Films wollen hingegen nicht nur im unteren Bereich tätig sein, sondern auch mit den Majors mitmischen. USA Films bspw. distribuiert Filme mit Budgets von zehn bis 25 Millionen. Steven Soderberghs *Traffic* (2000) kostete sogar 50 Millionen. Das Studio macht kein Geheimnis daraus, daß es sich vom ursprünglichen Independent Film gelöst hat und sich mit der Welt des Mainstreams vermengen will. „Greenstein and Schwartz [die beiden Studio-Bosse; d. A.] have made it clear that they wish USA to straddle the worlds of indie and studio filmmaking and make 'quality' pictures for a price", kommentiert Lyons. (Variety vom 14. Februar 2000) Greenstein will Filme in die Kinos bringen, „that are solid creatively and have commercial potential". (Zit. in *www.hollywoodreporter.com, Fuson: Big Finish*) Lions Gate verfolgt dieselbe Strategie, wie Vize-Präsident Tom Ortenberg zitiert wird: „We are looking for pictures that are commercially viable yet still challenging and can be made with reasonable budgets." (Ebd.) Die Distributionsfirma Artisan, die 1999 mit *The Blair Witch Project* den erfolgreichsten Indie-Film aller Zeiten feiern konnte (im Verhältnis zu den 35.000 Dollar Produktionskosten) – der Film spielte national 140.5 Millionen ein –, erklärte nach seinem erfolgreichsten Jahr: „You're not going to see this company making $80 million event movies." (Zit. in *www.hollywoodreporter.com, Fuson: 1999*) Produktionen bis zu 30 Millionen Dollar sind aber im akzeptierten Bereich. Roman Polanskis *The Ninth Gate* oder auch die seelenlose *Blair Witch*-Fortsetzung *Book of Shadows* (beide 2000) kosteten 38 bzw. 15 Millionen; weit mehr als für ein Independent Studio üblich sein sollte.

Die Motion Picture Association of America errechnet einen Durchschnitt der Produktionskosten von bereits knapp 22 Millionen Dollar. Als Datenlieferanten dienen die Tochterfirmen und Divisionen der MPAA-Mitglieder, also Distributionsfirmen wie Miramax, New Line, Fox Searchlight, Sony Pictures Classics, etc. Da heute nur noch Lions Gate und Artisan keinem Major angehören, widerspiegelt dieser Durchschnitt eine brauchbare Analyse der Situation. Lions Gate und Artisan sind ja ebenfalls, wie oben besprochen, in diesem Bereich tätig.

Abbildung 19

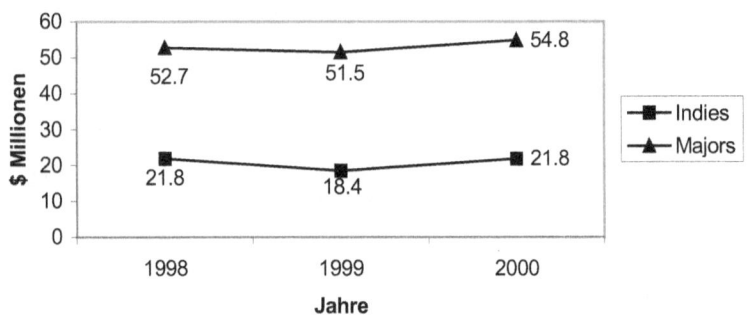

Quelle: MPAA, US Economic Review 2000

Aber nicht nur die Produktionskosten steigern sich. Wie auch bei den Majors wird immer mehr Geld in Werbung und Marketing investiert. Aufgrund der erhöhten Budgets der einzelnen Filmprojekte müssen auch die Indies aufwendigeres Marketing betreiben, damit sich das Kinopublikum für ihren Film entscheidet. Der Durchschnitt im Jahr 2000 liegt mittlerweile bei einem Drittel der durchschnittlichen Marketing-Ausgaben der Major Studios und hat sich in den letzten beiden Jahren sogar verdoppelt.

Abbildung 20

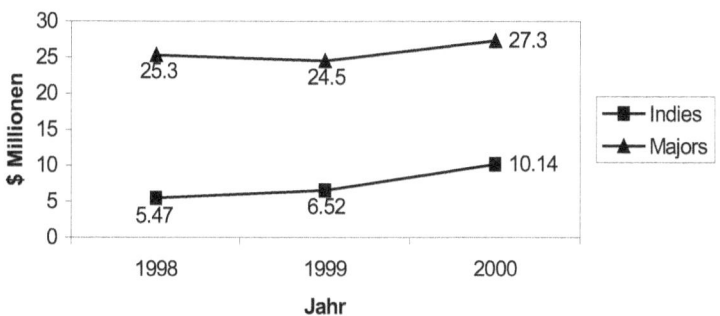

Quelle: MPAA, US Economic Review

Wenn wir ein aktuelles Beispiel betrachten, erkennen wir, daß die 90er-Indies im neuen Jahrtausend den Majors um nichts nachstehen. Am Ende des laufenden Jahres kommt der erste Teil der *Lord of the Rings – Der Herr der Ringe*-Trilogie in die Kinos und soll zum Blockbuster nicht nur des Jahres werden, sondern in die Liste der erfolgreichsten Filme überhaupt aufgenommen werden. Das Marketing startete bereits ein Jahr vor dem offiziellen Kinostart und steht George Lucas, der 1999 mit dem Marketing zum *Star-Wars*-Prequel *Episode 1: The Phantom Menace* neue Dimensionen der Vor-Mystifizierung erreichte, in nichts nach. Im Kino versprachen kurze Trailer das größte Abenteuer aller Zeiten, einzelne Kinobesucher bezahlten sogar ein Ticket, nur um diesen einen Trailer zu sehen, und verließen, als der Hauptfilm anlief, das Kino. Alle drei Teile des Films wurden gleichzeitig gedreht; Budget der ganzen Film-Phantasie: rund 300 Millionen Dollar. Entwickelt wurde das Epos zunächst bei Miramax, schließlich übernahm New Line Cinema die Produktion und wird dem Bruderpaar Weinstein die bereits geleisteten Kosten zurückzahlen (im Trailer zum Film werden Bob und Harvey Weinstein immer noch als ausführende Produzenten genannt). (Vgl. Variety vom 2. August 1999) Der Aufstieg der Independents anfangs der 90er Jahre erreicht somit neue Dimensionen mit Major-Qualitäten.

Neben den aufwendigeren Produktions- und Marketingkosten weisen die Indies der 90er noch weitere Charakteristika der Majors auf: eine in diesem Sektor einsetzende vertikale sowie horizontale Integration. Die meisten unabhängigen Distributionsfirmen sind nur in Distribution tätig, das heißt sie kaufen die Filme (Akquisition) bzw. die Filmrechte, um diese dann zu distribuieren. Die Indies der 90er produzieren aber auch immer mehr selbst bzw. co-finanzieren ihre Produkte; dazu mehr in der Analyse der Produktionsweisen im nächsten Kapitel 4.3.2. Die vertikale Integration wird aber (noch) nicht vollständig vollzogen, da kein Indie im Sektor der Exhibition tätig ist, d.h. (noch) keine Kinoketten besitzen, wo sie ihre Filme aufführen können.

Die horizontale Integration ist dagegen bei den Indies bereits voll in Gang, ebenso die horizontale Produktdifferenzierung, die mit Labels wie Dimension Films oder Fine Line Features angestrebt wird. Miramax und New Line Cinema haben sich bereits sehr stark horizontal integriert. Die Studios mußten erkennen, daß sie ohne die angrenzenden Märkte nur mit Mühe funktionieren. Dies hat auch James Schamus von der unabhängigen Produktionsfirma Good Machine (u.a. verantwortlich für *Crouching Tiger, Hidden Dragon*) eingesehen, wenn er schreibt: „Film is simply an 'advertising campaign' that lends an aura of cinematic legitimacy to the 'back end' ancillary exploitation of the film." (Schamus 1998, S. 94) Er bemerkt jedoch, daß Indie-Filme „ancillary resistant" (ebd., S. 95) sind und deshalb vor allem im internationalen Markt ihr Geld holen sollten.[28] Mit Mainstream-ähnlichen Produktionen wie *Lords of the Rings* oder *Scream* können die angrenzenden Märkte forciert werden und Produkte neben dem Filmprodukt für große Gewinne sorgen. Miramax erkannte das Problem der schlecht verwertbaren Indie-Filme, und so nutzt vor allem ihr Label Dimension die Möglichkeiten des Merchandising und Franchising aus. „Hollywood is built on franchises", wird Bob Weinstein zitiert. (Zit. in Variety vom 14. September 1998) „Miramax never had that ability. You couldn't have a 'Piano 2' or 'My

---

28 Franchises, Synergien, Merchandising, etc. wären wichtige Einnahmequellen. Schamus erklärt in seinem witzig geführten, für Indie-Produzenten jedoch sehr frustrierenden Aufsatz, warum die Box Office aus den Kinoeinnahmen alleine nicht genügen, um Gewinn zu machen. Ein Film, der bspw. eine Million Dollar kostete und zehn Millionen einnimmt, kommt aufgrund der vielen Abzüge (Exhibitions-Gebühr, Bezahlung der Mitwirkenden, Rückzahlung an Investoren, Festivalkosten usw.) nicht in die Gewinnzone.

Right Foot'. With Dimension, the opportunity to have franchises is there." (Ebd.) Miramax lancierte 1994 eine Musik- sowie auch Buch-Abteilung, Miramax Books, die Screenplays und 'Novellierungen' (von Filmen) vertreibt. Im Frühjahr 1998 erhält auch Dimension seine eigene Buch-Division, Dimension Books. (Vgl. Variety vom 1. Dezember 1997) Der Wunsch nach der weltweiten Marktdurchdringung führte den *Major Independent* zur Gründung von Miramax Intl. (1992), das den internationalen Verkauf der Filme an alle Medien regeln soll, und einer 'Dienstaußenstelle' in Peking, die dafür sorgen soll, daß asiatische Filme wie *Crouching Tiger* nicht wieder an andere Distributionsfirmen verkauft werden. (Vgl. Variety vom 12. Januar 2001)

New Line Cinema ist ebenso sehr aktiv und sucht Möglichkeiten der horizontalen Integration: 1990 und 1991 entwickelte die Firma neben dem Label Fine Line Features auch eine TV-Abteilung, die mittlerweile erfolgreiche Trick-Serien produzierte (bspw. Comic-Fortsetzungen der New Line-Erfolge *The Mask* oder *Dumb and Dumber – Dumm und Dümmer* [beide 1994]). (Vgl. Variety vom 9. März 1998) Für Blockbuster wie *Lost in Space* (1998) oder *Lords of the Rings* (2001) wurden bzw. werden Merchandising-Artikel, Spielzeuge, Computerspiele, usw. hergestellt.

Lions Gate investiert nicht nur in Film-, sondern auch in TV-Produktion, und im Jahr 2000 sollte mit der Gründung von Avalanche Films auch die Video-Pipeline mit *direct-to-video*-Produktionen gefüllt werden. (Vgl. Variety vom 10. November 2000) USA Films (als Teil von USA Networks) besitzt ebenfalls eine TV-Station (die mittlerweile wieder verkauft wurde), ein Network-Kabel-Netz, einen Science-Fiction-TV-Kanal und andere Wege, die filmischen Produkte mehrfach zu verwerten. Artisan fusionierte erst kürzlich mit Landscape Entertainment, einem Produzenten für TV-Filme, um auch den benachbarten Fernseh-Markt zu schröpfen. (Vgl. *www.variety.com, Landscape's ...*)

„Strenght in ancillaries is key to the long-term health of all mini-majors" (wie Artisan, Miramax oder New Line), kommentiert Hindes. (Variety vom 7. Juni 1999) Bereits fast alle Indies haben die Möglichkeit der Distributionsschiene TV, Video, Musik oder Buch für sich eröffnet. Und wenn nicht eine eigene Abteilung entwickelt wurde, können die Indies von den Distributionsarmen der Majors profitieren. Die horizontale Integration der Independents ist nicht vollständig dokumentiert (genauso wenig wie die um vieles aktivere Integration der Majors), aber trotzdem augenscheinlich und präsent. Hier versuchen die Indies, den Weg der Majors mitzugehen.

Als letzter Punkt soll die Tatsache angesprochen werden, daß Independent und Mainstream nicht bloß hinsichtlich Praktiken der Studios verschmelzen, sondern daß sich auch die Subjekte der Filme, also die Filmkünstler und Stars, 'vermischen'. In den letzten Jahren häuften sich die Gesichter von Hollywood-Größen in Independent Filmen. Was früher verpönt war und als Zeichen dafür galt, daß sich die Karriere eines Schauspielers dem Ende zuneigt, gilt jetzt als willkommene Abwechslung, als wahrhaftige Herausforderung oder als Plattform, ein Comeback zu feiern: eine Rolle in einem Independent Film. Der verschollene (und bereits vergessene?) John Travolta feierte mit *Pulp Fiction* (Miramax, 1994) seine Rückkehr, im gleichen Film war auch Bruce Willis zu sehen; Tom Cruise erreichte mit seiner Nebenrolle in New Lines *Magnolia* (1999) gar eine Oscar-Nominierung und endlich auch Anerkennung; Kate Winslet übernahm nach *Titanic* die komplexeren Rollen in den unbeachteten Filmen *Holy Smoke* (Miramax, 1999) und *Quills* (Fox Searchlight, 2000); Cameron Diaz, John Cusack und John Malkovich trotzten ihrem Image für *Being John Malkovich* (USA Films, 1999); und wer hat Anthony Hopkins im ambitionierten Fox Searchlight-Film *Titus* (1999) gesehen? Im Gegenzug dienen diese Stars der Vermarktung der Filme. „The safest thing you can put on paper for a banker is a star", beschreibt Michael Barker, Vize-Präsident von Sony Pictures Classics, die Suche nach Geldgebern für ein Filmprojekt. (Zit. in Variety vom 5. Januar 1998) Ira Deutchman (Fine Line Features) stimmt zu: „Without a star, the likelihood of getting any type of financing from distribution sources, whether it be foreign or domestic, are pretty slim." (Ebd.) Indie-Stars wie Steve Buscemi, Harvey Keitel oder Holly Hunter werden bereits als geldbringende Investitionen angesehen. Mittlerweile kann auch auf Stars der internationalen Indie-Szene zurückgegriffen werden, wie z.B. July Delpy oder Stellan Skarsgard. Schauspieler, die bereits im Mainstream tätig sind, versuchen sogar die ersten Schritte als Indie-Regisseure: Sean Penn (*The Crossing Guard* [1992] oder *The Pledge* [2001]), John Torturro (*Mac* [1992] oder *Illuminata* [1998]), Steve Buscemi (*Trees Lounge* [1992]), Robert DeNiro (*A Bronx Tale* [1993]) oder Tim Robbins (*Dead*

Man Walking [1995] oder *Cradle Will Rock* [1999]) (einige dieser Filme wurden von Major Studios vertrieben). Bruce Willis, der sonst 20 Millionen Dollar für eine Rolle in einer Major-Produktion verlangt, beschreibt die Attraktivität solcher Indie-Filme: „Every once in a while, I've to to satisfy myself. I can count on one hand, and not use my thumb, the number of films in the last couple of years that I looked forward to going to work every day [on]." (Zit. in Levy 1999, S. 502) Diese Verschmelzung von Independent- und Mainstream-Stars trägt ihren Teil dazu bei, daß Indies zum einen immer angesehener und zum anderen immer erfolgreicher werden.

4.3.2 Analyse: Distributions- und Produktionsweisen der Independents in den 90er Jahren

Zur Analyse der Distributions- und Produktionsweisen der Indies in den 90er Jahren werden dieselben Untersuchungsaspekte herzangezogen wie bei den Majors:

- Anzahl an Filmen und Sequels.
- Produktion bzw. Finanzierung der Filmprojekte.
- *Screen behavior*.
- *Year behavior*.

Daten über Majors sind mehrheitlich vollständig. Von den Independents, besonders von kleineren Firmen wie bspw. October oder Gramercy (v.a. anfangs der 90er Jahre), fehlen häufig Daten, und so entziehen sich diese Indies in einzelnen Aspekten einer Untersuchung. Es ist jedoch in vielerlei Hinsicht eine Entwicklung absehbar, inwieweit sich die *performances* der Indies mit denen der Majors verschmelzen oder nicht. Die Einteilung in *Major Independents*, *Classic Indies* und *Macro-Indies* ist hier von großer Bedeutung, denn auch Unterschiede zwischen diesen Gruppen werden ersichtlich.

ANZAHL AN FILMEN UND SEQUELS

Eine Aufzählung des jährlichen Outputs jeder einzelnen Indie-Gruppe ist hier nicht sinnvoll. Die Major Studios existieren und agieren seit Jahrzehnten; lediglich 1997 kam mit Dreamworks ein neuer Anwärter für den Major-Sektor dazu. Ein Vergleich über die Anzahl gestarteter Filme war dort daher aussagekräftig. Die Landschaft der Independents verändert sich jedoch ständig. Wie wir in der Timeline auf Seite 79 gesehen haben, sind nur Miramax, New Line und October seit Beginn der 90er Jahre auf dem Markt präsent; die anderen Indies sind im Laufe des Jahrzehnts dazugestoßen. Eine Auflistung des jährlichen Gesamt-Outputs wäre somit nicht korrekt und würde nichts über das Verhalten der Indies aussagen. Als Beispiele sollen hier New Line, Miramax und das seit 1992 agierende Sony Pictures Classics dargestellt werden, die (fast) über das ganze Jahrzehnt tätig waren und somit einen kontinuierlichen Verlauf gewährleisten. Bei New Line sind die distribuierten Filme von Fine Line inkludiert, so auch Dimension-Filme bei Miramax.

Abbildung 21

Distribuierte Filme von Miramax (inkl. Dimension), New Line (inkl. Fine Line) und Sony Classics, 1991-2000

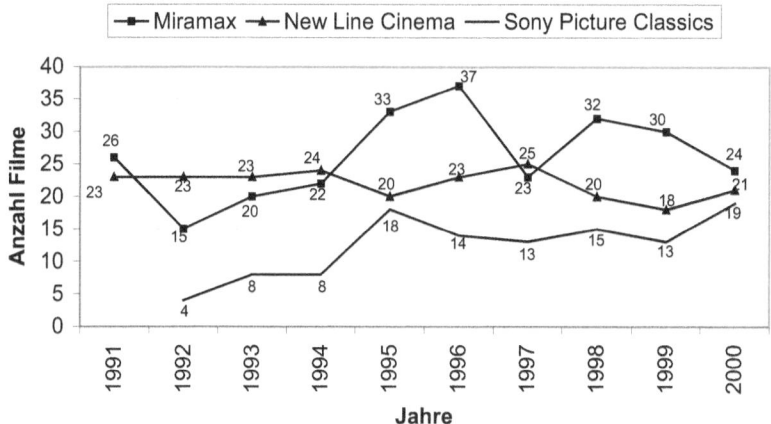

Quelle: eigene Erhebung

Miramax' Verlauf ähnelt dem der Majors Buena Vista, Warner oder Sony, die Mitte der 90er Jahre ebenfalls ca. 30 Filme ins Kino brachten. New Line bringt jährlich zwischen 18 und 25 Filme in die Kinos, ohne große Schwankungen. Die Distributionsweise gleicht also denen der Majors wie Paramount oder Universal und übersteigt diese sogar. Sony Pictures Classics startete anfänglich mit vier Filmen (1992), steigerte seinen Output sehr rasch (1995: 18 Filme) und erreichte im Jahr 2000 mit 19 Filmen die bis dahin höchste Zahl. Im Jahr 2000 streben alle drei Firmen gegen die Marke 20 hin.

Die Outputs der *Major Independents* und *Classic Indies* zeigen, daß auch die Independents mit erhöhter Anzahl an Filmen auf dem Markt präsent sein wollen. Die Annahme liegt nahe, daß hier der Gedanke des *Cross-Collateralization* Antrieb für diese Entwicklung war. Vor allem Miramax, das bis zu 40 Filme ins Kino brachte, kann sich dadurch erhoffen, daß wenigstens einer ihrer Filme das große Geld machen wird.

Vergleichen wir die Anzahl der distribuierten Filme aller Indies in den letzten beiden Jahren, 1999 und 2000:

Abbildung 22

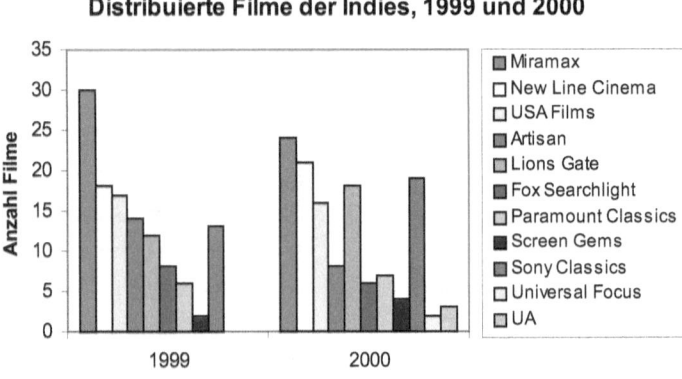

Quelle: eigene Erhebung

Es zeigt sich, daß die *Major Indies* und *Macro-Indies* genauso stark im Markt präsent sind wie die Majors. Die frisch eingestiegenen Lions Gate oder USA Films präsentieren bereits eine beachtliche Anzahl an Filmen. Bei den *Classic Indies* kann lediglich Sony Pictures Classics mit den Majors mithalten, mit einem Output von gar 19 Filmen in 2000. Die restlichen *Classic*-Divisionen bringen weniger als zehn Filme in die Kinos. Screen Gems oder U Focus, beide erst neu gegründet, beginnen sogar mit weniger als fünf Streifen. Dies kann darauf zurückzuführen sein, daß die *Classic Indies* nicht unbedingt auf hohe Gewinne angewiesen sind wie bspw. New Line Cinema, das seinem 'Mutterunternehmen', Time-Warner, gewährleisten mußte, für die Finanzierung selbst aufzukommen, um nicht im Jahr 1997 verkauft zu werden. *Classic Indies* können es sich leisten, sich zunächst im Markt zurechtzufinden, denn der finanzielle Rück- und Unterhalt kommt von den Majors. Diese sind darauf bedacht, ihre Divisionen langsam (und damit kostengünstiger) starten zu lassen, anstatt sie massiv in den Markt einsteigen zu lassen und eventuell hohe Verluste zu riskieren.

Ein Variety-Überblick im Sommer 2001 zeigte, daß die Indies diese Strategie weiterverfolgen wollen. Lions Gate bspw. will jährlich zwischen 15 und 20 Filme distribuieren, Paramount Classics ca. sechs und Universal Focus zwischen sechs bis zehn. (Vgl. *www.variety.com, Variety Staff*)

Interessant ist darauf hinzuweisen, daß die Produktion von Independent Filmen in den letzten Jahren insgesamt zugenommen hat. Die MPAA zählte einen Zuwachs von 241 distribuierten Indie-Filmen (1990) auf 281 (2000). (Vgl. MPAA, US Economic Review 2000) Wie bereits erwähnt, ist die Anzahl an produzierten Filmen um einiges höher, denn nicht alle finden den Weg in den Verleih und somit in die Kinos. Seit 1997 werden konstant mehr Indie-Filme (257 Filme) ins Kino gebracht als von den MPAA-Mitgliedern (253 Filme), also den Majors inklusive deren Sub-Unternehmen wie eben Sony Pictures Classics oder Miramax. Das zeigt, daß für den Independent Film die Möglichkeiten steigen, sich zu entfalten. Das große Geld machen aber die in dieser Arbeit behandelten Indies, also Studios wie New Line Cinema, Miramax oder USA Films.

Untersucht man das major-typische Verhalten der Mehrfachverwertung erfolgreicher Filme in Form von Sequels, zeigt sich, daß es bei den Indies Unterschiede gibt:

Abbildung 23
Welche Independents distribuieren Sequels? [29]

	Konstant	Vereinzelt	Keine Sequels
Miramax		×	
Dimension	×		
New Line	×		
Fine Line			×
Gramercy			×
USA Films			×
October			×
Artisan		×	
Lions Gate			×
Fox Searchlight			×
Par Classics			×
Screen Gems			×
Sony P. Classics			×

Quelle: eigene Erhebung

Hier erkennen wir die Wichtigkeit einer Einteilung der Indies, die für diese Arbeit vorgenommen wurde. Die *Major Indies* wie New Line oder Miramax distribuieren Fortsetzungen; New Line Cinema sehr häufig (mit Ausnahme in den Jahren 1995 und 1998 konnten Sequels gezählt werden), Miramax nur vereinzelt: 1995 kam mit *Blue in the Face* die Fortsetzung von *Smoke* [30], im Jahr 2000 die Christopher-Lambert-Langspielplatte *Highlander: Endgame*. Miramax' Mehrverwertungs-Maschinerie ist das Label Dimension, wo Fortsetzungen zum jährlichen Output, im Durchschnitt 3.5 Filme pro Jahr, dazugehören.

---

29 U Focus und UA sind erst frisch eingestiegen, deshalb wurden diese beiden *Classic Indies* nicht berücksichtigt.

30 Es is fraglich, ob *Blue in the Face* ein Sequel im eigentlichen Sinne darstellt. Als *Smoke* (mit Harvey Keitel) fertiggestellt wurde, entschieden sich die Mitwirkenden, noch ein paar wenige Drehtage anzuschließen. Aus diesen improvisierten Szenen schließlich entstand *Blue in the Face*.

New Lines Label, Fine Line Features, bringt keine Fortsetzungen in die Kinos, auch nicht die *Classic Indies*. Artisan hingegen, erst seit 1998 im Markt präsent, offenbart Züge der Majors. Im Einstiegsjahr wurde bereits *The Substitute 2: School's Out* in die Kinos gebracht, und nach dem Erfolg von *Blair Witch Project* machte man sich sofort an die Entwicklung eines zweiten Teils, *Book of Shadows* (2000). Ein dritter Teil sollte folgen, was jedoch nach dem Flop der Fortsetzung mehr als fraglich ist.

Produktion bzw. Finanzierung der Filmprojekte

Wie bereits dargestellt, zeichnet sich die Produktion eines Independent Films durch eine Auslagerung der Finanzierung aus, d.h. es werden Quellen von außen herangezogen, um ein Projekt zu ermöglichen. Die Major Studios haben sich dieses Modell der Filmfinanzierung angeeignet, um nicht allein für die Produktion verantwortlich zu sein.

Unabhängige Distributionsfirmen zeichnen sich dadurch aus, daß sie besonders in Akquisition von Filmen tätig sind. Sie dienen also als Distributionsschiene für bereits angefertigte und dann von ihnen gekaufte Filme. Akquisitionen sind daher Hauptquelle für unabhängige Distributionsfirmen. Fast alle der untersuchten Studios[31] konzentrierten sich stark oder nur auf Akquisition und somit Distribution: Gramercy und Sony Pictures Classics sind nur in Akquisition tätig, und October co-produzierte in den Jahren 1995 und 1996 lediglich jeweils einen Film mit (siehe Anhang B). Einige Indies der 90er Jahre steigen jedoch vermehrt in Produktion ein und (co-)finanzieren ihre Filme, was dank der Unterstützung durch die Major Studios vorangetrieben wird. New Line und Miramax sind vermehrt in Koproduktion tätig, ganz stark New Line, das 1997 mehr Filme co-produzierte als akquirierte. Selbst vor 'Ganz'-Produktionen schrecken diese beiden Studios nicht zurück, wobei New Line anfangs der 90er Jahre noch eher selbständig produzierte, in den letzten drei Untersuchungsjahren aber keine Ganz-Produktionen mehr vorweisen konnte. Bei Miramax ist keine Tendenz er-

---

31 Da die Daten nur bis 1998 zur Verfügung standen, konnten die Produktionsweisen von den später gegründeten Firmen Paramount Classics, Screen Gems, UA, Universal Focus und USA Films nicht untersucht werden.

kennbar (selbst finanzierte Produktionen in 1992, 1995 und 1998). Dimension begann vorsichtig mit der Akquisition von Filmen, stieg ab 1994 jedoch fleißig in Co-Finanzierung ein. 1998 zählte das Genre-Label eine 'Ganz'-Produktion (*Nightwatch*) sowie zwei Koproduktionen (*The Faculty*, *Full Tilt Boogie*); die restlichen sechs Filme des Jahres waren Akquisitionen. Fine Line Features co-produziert seit seinem Start vereinzelt mit, Hauptquelle sind aber auch hier Akquisitionen. Fox Searchlight ist überraschenderweise stark in Koproduktion tätig. Ist bei Sony Classics keine einzige Koproduktion zu verzeichnen, steigert *Classic Indie* Searchlight seine Aktivität in der Mitfinanzierung. Abbildung 26 zeigt sehr deutlich, daß sich die Anzahl co-produzierter Filme der Zahl der Akquisitionen nähert.

Die frisch eingestiegenen Distributionsschienen Artisan und Lions Gate können bereits in ihrem ersten Jahr Koproduktionen vorweisen, und das, obwohl kein Major sie deckt.

Die Praxis der Koproduktion mit einem anderen Studio, wie bei den Majors zu verzeichnen war, ist bis zum Jahr 1998 noch von keinem Indie genutzt worden. (Die untersuchten Daten sind bis 1998 vollständig. Es kann erwartet werden, daß auch die Indies zukünftig Deals mit anderen Studios eingehen. Miramax bspw. schloß im Juli 1999 mit MGM einen Deal über acht Filme, die sie gemeinsam co-produzieren werden. [Vgl. Variety vom 12. Juli 1999])

Abbildung 24

Produktionsweisen von Miramax, 1991-1998

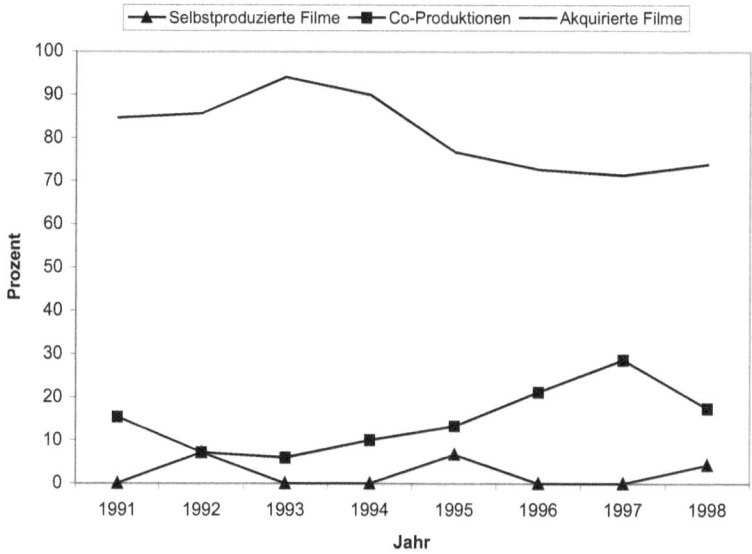

Quelle: eigene Erhebung

Abbildung 25 und 26

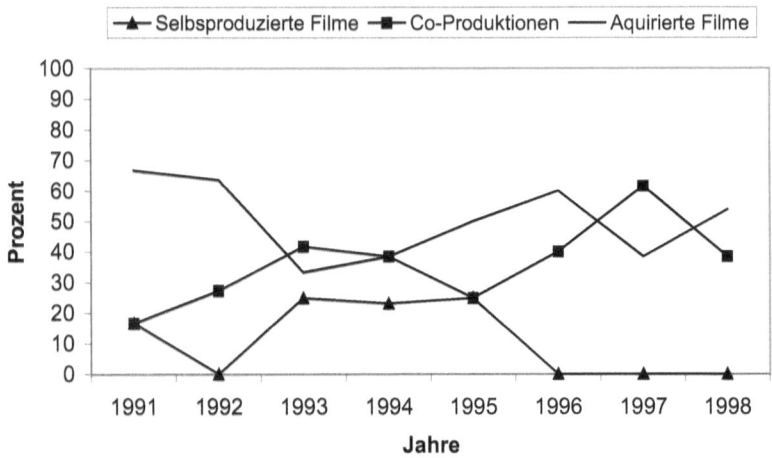

Produktionsweisen New Line Cinema, 1991-1998

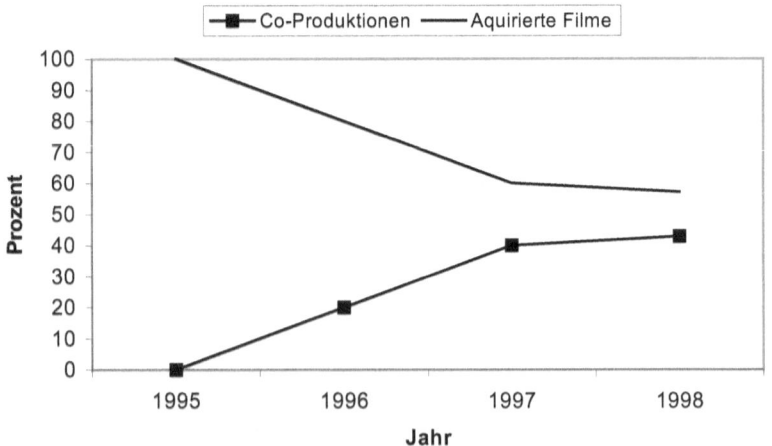

Produktionsweisen Fox Searchlight, 1995-1998

Quelle: eigene Erhebungen

Hier kann von einer Verschmelzung mit den Praktiken der Majors gesprochen werden, vor allem bei den dargestellten Distributionsfirmen New Line, Miramax und Fox Searchlight. Miramax finanziert verstärkt mit. „Acquisitions", kommentiert auch Harvey Weinstein, „used to make up between 80 % and 90 % of Miramax product but the landscape has changed." (Zit. in Variety vom 12. Juli 1999) New Line Cinema praktiziert seit Beginn der 90er Jahre wie ein Major. Einen Unterschied zu den Majors kann man bei dieser Analyse nicht erkennen: New Line verzichtet auf selbst finanzierte Filme und konzentriert sich nur mehr auf Akquisition und Koproduktion. Die Produktionsweisen von den Majors und dem Indie sind verschmolzen. Distributoren wie Sony Classics, Gramercy oder Fine Line bleiben hingegen bei der Praxis der Akquisition.

Es soll hier darauf hingewiesen werden, daß auch die Indies Deals mit anderen Produktionsfirmen, Künstlern oder anderen Institutionen eingehen, um die Filme dieser ausgelagerten Quellen zu distribuieren. Jedoch zeichnet sich nicht derselbe Trend ab, der bei den Majors ersichtlich war: Die Indies gehen offensichtlich immer mehr Verträge ein und sind immer noch massiv auf der Suche nach Partnern bzw. Quellen für zu distribuierende Filme.

Abbildung 27
Deals der Indies mit (Produktions-)Firmen und Künstlern, 1997-2001 (bis Juli)

	1997	1998	1999	2000	2001
Miramax	24	28	34	40	27
New Line	11	14	18	24	11
USA Films			11	14	13
Total:	35	42	63	78	51

Quelle: Variety (vom 25. Juni 2001)

SCREEN BEHAVIOR

Entgegen der Praxis und Taktik der Majors, Filme auf immer mehr Leinwänden zu spielen und am ersten Wochenende die meisten Einnahmen zu machen, zeichnen sich Indies dadurch aus, Filme klein zu starten, lange spielen zu lassen und den Gewinn tröpfchenweise einzusammeln. Die graphische Darstellung von Sony Pictures Classics und Fine Line Features zeigen das typische Distributionsverhalten eines Indies, wenn Filme auf die Leinwand gebracht werden.[32] (In den folgenden Graphiken sind die Jahreszahlen von unten nach oben dargestellt, d.h. die unterste Reihe steht – im Falle der folgenden Abbildung 28 – für das Jahr 1991, die oberste und hinterste Reihe für das Jahr 2000.)

---

32 Zu dieser Untersuchung siehe S. 96ff. Für die Analyse der Indies ist noch folgendes anzumerken: Da viele Daten vor allem zu Beginn der 90er Jahre nicht vollständig sind, muß auf die Analyse der Distributionsfirma October verzichtet werden. Da vielfach die Daten von Filmen unter 500 Leinwänden nicht vollständig sind (es wird vielfach angegeben, auf wie vielen Leinwänden der Film gestartet wurde, aber nicht, um wie viel Leinwände sich die Anzahl erhöhte), ist anzunehmen, daß die meisten Filme der 0-500-Sparte *platform releases* waren (in der Tabelle – siehe Anhang – stimmen deshalb die Auflistung oben, d.h. in den 500er-Stufen nicht mit der Zählung der *platform releases* überein).

Abbildung 28
Screen Behavior. Typischer Verlauf der Indies, Beispiel: Sony Pictures Classics (1991-2000) [33]

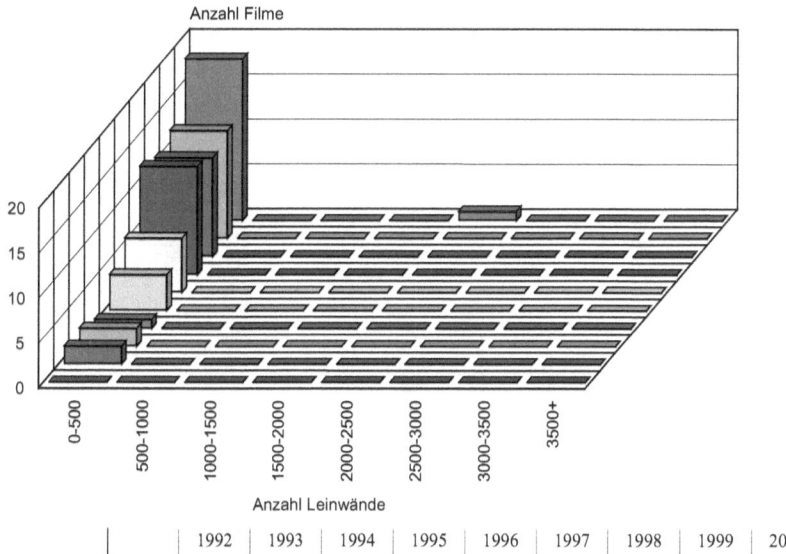

	1992	1993	1994	1995	1996	1997	1998	1999	2000
Wide release									
Platform	2	2	1	3	2	4	8	9	18

Quelle: eigene Erhebung

---

[33] Sony Classics' 2.000+-Film (im Jahr 2000) war *Crouching Tiger, Hidden Dragon*, der zunächst auf 16 Leinwänden in die Kinos gebracht wurde und nach dem Erfolg bei der Oscar-Show nochmals auf 2.027 Leinwänden durch Amerika ging. Bei Sony Classics nicht dazugerechnet sind IMAX-Filme und 3D-Filme, die Sony Classics für Sony Ent. distribuiert.

Abbildung 29

Typischer Verlauf der Indies, Beispiel: Fine Line Features (1991-2000) [34]

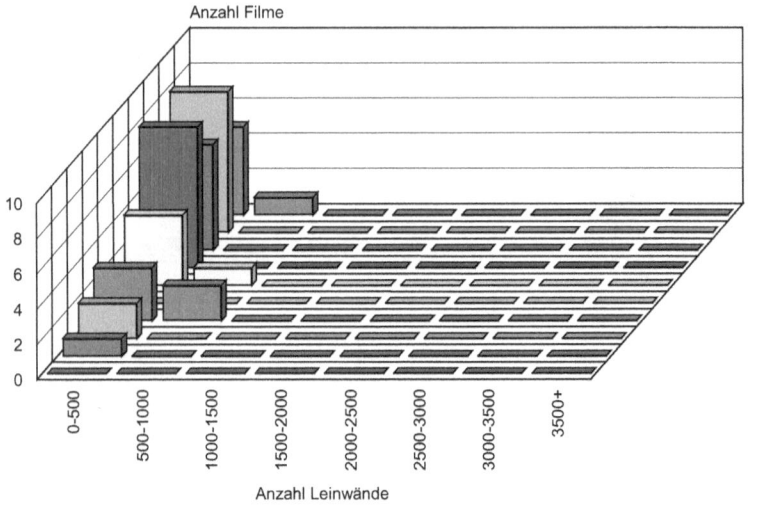

	1992	1993	1994	1995	1996	1997	1998	1999	2000
wide release									
platform		1	2	4			4	2	4	6

Quelle: eigene Erhebung

Die Distributionsverhalten der restlichen *Classic*-Labels ähneln dem Verlauf wie ihn Sony Pictures Classics präsentiert (siehe Anhang D). Paramount Classics hat weder einen 500+-Film noch einen *wide release* zu verzeichnen. Fox Searchlight und Screen Gems hingegen bringen vereinzelt Filme als *wide release* und über 1.000 Leinwänden in die Kinos. Screen Gems' *Arlington Road* (1999) spielte sogar auf 1.631 Leinwänden, Searchlight hat die 1.500-Hürde noch nicht überwunden.

---

34 Werte für das Jahr 1995 fehlen.

Bei den *Major Indies* und *Macro-Indies* zeichnet sich der gleiche Trend ab wie bei den Majors. Vor allem New Line und Miramax steigern im Verlauf der Jahre die Anzahl der bespielten Leinwände. Ein Unterschied zwischen den beiden Studios ist jedoch noch vorhanden: New Line bringt seine Filme fast nur noch als *wide release* in die Kinos, Miramax bleibt verstärkt bei der Praxis des *platform release*. In der Distributionsweise des *screen behavior* haben sich beide Studios aber schon sehr den Majors angeglichen.

Abbildung 30
Screen Behavior. Miramax (1991-2000)

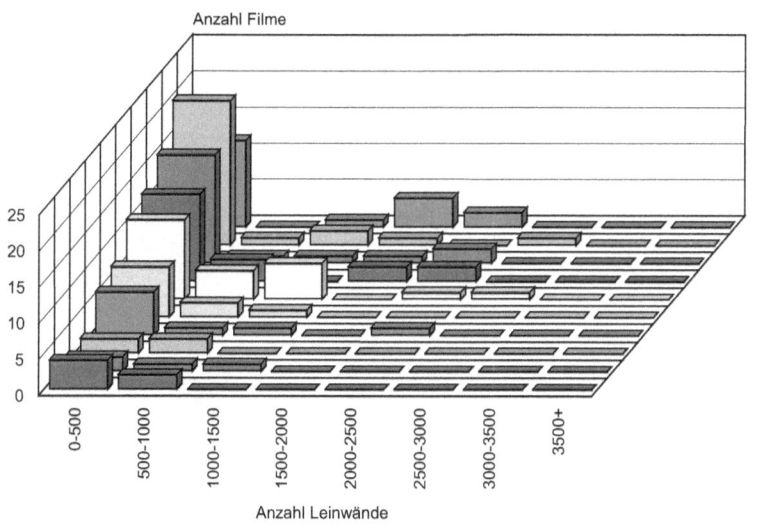

	1991	1992	1993	1994	1995	1996	1997	1998	1999	2000
wide release		1		3	2	6	3	2	3	6
platform	4	3	3	5	8	12	9	12	11	9

Quelle: eigene Erhebung

Abbildung 31
Screen Behavior. New Line Cinema (1991-2000)

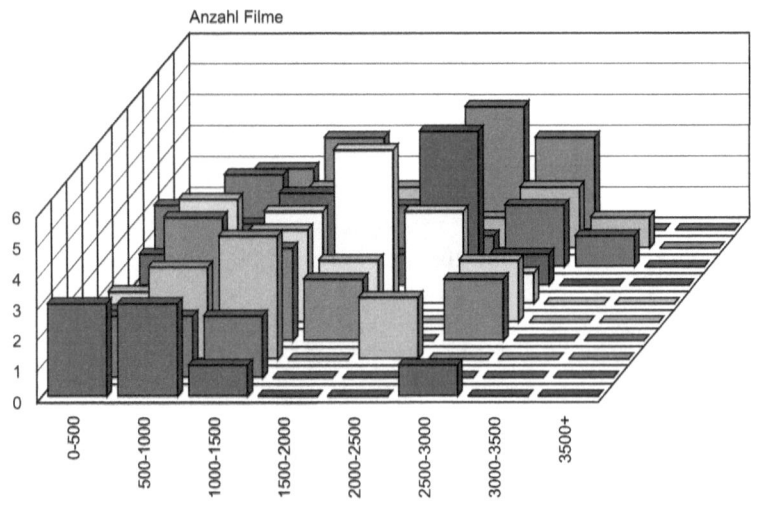

	1991	1992	1993	1994	1995	1996	1997	1998	1999	2000
wide release	6	4	8	10	8	14	10	8	7	12
platform	3	1	2	1	1		2	3	1	2

Quelle: eigene Erhebung

New Line zeigt wiederum sehr stark Major-Verhaltensweisen. Bereits 1991 wurde *Teenage Mutant Ninja Turtles 2 – The Secret of the Ooze* auf 2.868 Leinwänden gespielt. Diese Zahl wurde in dem Jahr nur von Warners *Robin Hood: Prince of Thieves* übertroffen (3.175 Leinwände). New Lines 3.000+-Filme waren *Lost in Space* (1998, 3.306 Leinwände) und *Austin Powers: The Spy Who Shagged Me* (1999, 3.314 Leinwände).

Graphisch dargestellt werden sollen hier noch die Distributionsweisen von USA Films (*Major Independent*) sowie Artisan (*Macro-Indie*). Sie zeigen sehr schön, besonders Artisan, die Verschmelzung von der Indie-Praxis des *platform release* mit dem Major-Verhalten des *wide release* bzw. *saturation booking*. Es kann nicht mehr genau bestimmt werden, ob dieses Verhalten rein major-typisch oder rein indie-typisch ist. Es liegt irgendwo dazwischen. Die Verschmelzung ist hier offensichtlich. Lions Gate und Gramercy zeigen ebenfalls bereits Anzeichen einer Verschmelzung. Dimension Films hingegen agiert auch hier wie ein Major. (Alle Tabellen sind in Anhang D dargestellt.)

Abbildungen 32 und 33
Screen Behavior. Artisan (1998-2000)

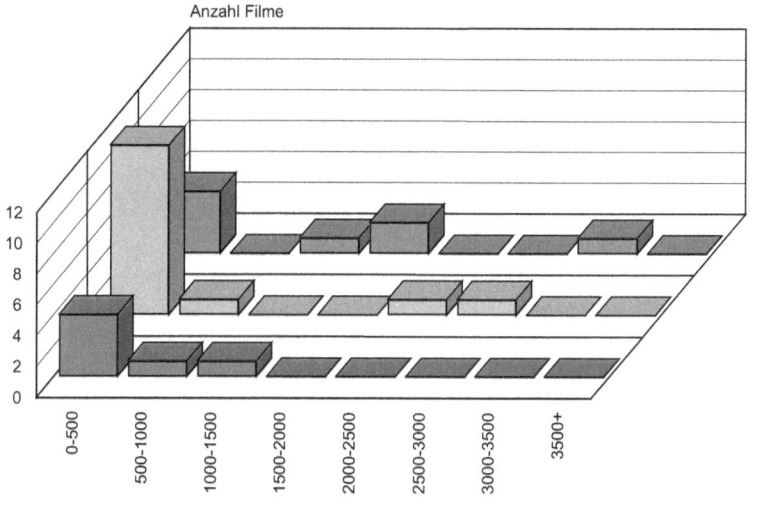

	1991	1992	1993	1994	1995	1996	1997	1998	1999	2000
wide release								1	2	4
platform								3	6	4

Screen Behavior. USA Films (1999-2000)

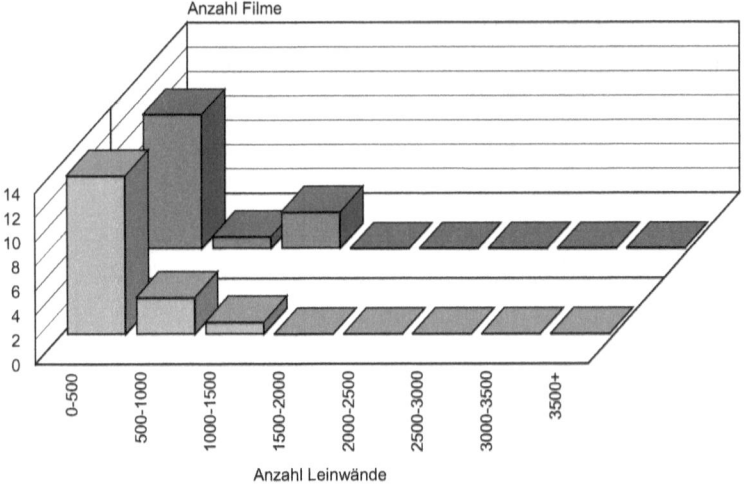

	1991	1992	1993	1994	1995	1996	1997	1998	1999	2000
wide release									2	3
platform									8	7

Quelle: eigene Erhebungen

YEAR BEHAVIOR

Die Major Studios zeigen eine konstante Verteilung ihrer Filme im Verlauf eines Jahres. Dies hat sich in den letzten Jahren nicht grundlegend geändert. Immer noch stellen die Sommermonate als auch die Weihnachtszeit die bevorzugten Termine für Blockbuster. Wie wir gesehen haben, holen die Majors ihre größten Gewinne in eben jenen Monaten. Bei den Independents ist keine Entwicklung zu erkennen, die alle Studios er- und umfassen würde. Weil sich die Landschaft der Indies in den 90er Jahren stark veränderte, lassen die ständigen Fusionen und Neugründungen von Firmen – im Gegensatz zu den Majors – keine Konstanz zu. Jedes Studio versucht auf eigene Art und Weise, effizient am Markt präsent zu sein. Die Analyse und Interpretation des Jahresverhaltens (Daten siehe Anhang C) offenbaren jedoch einige Besonderheiten.[35]

Die *Major Indies* New Line und Miramax präsentieren unterschiedliche Distributionsweisen. New Line Cinema meidet die Sommer- und Wintermonate und plaziert seine Filme besonders im Frühling und Herbst. Auch wenn Variety nach dem Sommer '98 verkündet, daß New Line mit *Austin Powers 2: The Spy Who Shagged Me* (US-Start: 11. 6.) ab 1999 nun auch in der Sommersaison mitmischt (vgl. Variety vom 5. Oktober 1998), wurde diese Praxis trotz potentieller Blockbuster nicht weiterverfolgt. Die drei Abräumer des Jahres 2000 wurden alle außerhalb der 'Major-Zeiten' gestartet: *The Cell* am 18.8., *Next Friday* am 12.1. und *Final Destination* am 17.3. New Line war trotz der immer öfters produzierten Blockbuster nie verstärkt im Sommer aktiv: *Seven* (1995, US-Start: 22.10.) oder auch *Blade* (1998, 21.8.) wurden nicht zu Major-Zeiten gespielt, sondern erst im Herbst. New Lines Fine Line Features verteilt seine Filme konstant über das ganze Jahr. Miramax hingegen setzt in den 90er Jahren auf den Sommer. Zwischen 1994 und 1997 war das Studio massiv im Sommer präsent (Höhepunkt 1997 als acht Filme [von insgesamt 20] im Sommer gezeigt wurden). Seit 1998 konzentriert sich Miramax auf den Herbst bzw. die zweite Jahreshälfte, um v.a. Oscar-Anwärter zum günstigen Zeitpunkt zu starten: 1998 und 2000 wurden in der Wintersaison (16. November bis Ende Jahr) jeweils sechs Filme in die Kinos gebracht, was bedeutet, daß im Durchschnitt jede Woche ein neuer Miramax-Film zu sehen war. Bereits 1991 kommentiert Miramax' Russell Schwartz: „Our area is still counterprogramming. We appeal to a different audience, and that audience also deserves films at christmas." (Zit. in Variety vom 2. Dezember 1991) 1995 bemerkt auch Variety, daß vor allem Miramax in den sonst von den Majors überfüllten Monaten vermehrt Filme ins Rennen schickt und nennt als Grund die Vorhersagen von Studien, die belegen, daß die Kinobesucher über 40 wieder den Weg zurück ins Kino finden und zur „fastest growing group of moviegoers" werden soll. (Variety vom 12. Juni 1995) Miramax' Dimension Films offenbart auch hier Grundzüge der Majors, und die Blockbuster werden bevorzugt zu Major-Zeiten ins Kino gebracht: *Scream* (20.12. 1996),

---

35 Zur Untersuchung des Jahresverhaltens siehe Seite 100ff.

Halloween H2O (5. 8. 1998), *The Faculty* (25. 12. 1998), *Scary Movie* (7. 7. 2000) oder *Dracula 2000* (22. 12. 2000).

Die Graphik (Abbildung 34, nächste Seite)[36] veranschaulicht, wie sich die Distributionsweisen von Miramax und New Line von dem durchschnittlichen Verhalten der Majors (hervorgehobene rote Linie) unterscheiden. Es wird deutlich, daß New Line vor allem die Sommer- und Wintermonate meidet (Ausschläge nach unten) und sein Verlauf stark von der roten Linie abweicht. Miramax hingegen nähert sich dem Verlauf der Majors. Anfänglich ein wenig phasenverschoben (gut zu erkennen sind die verstärkten Auftritte im Sommer '94 bis '97), schmiegt sich ab 1998 die blaue Kurve an die rote. Gut zu erkennen sind auch die starken Auftritte im Winter 1998 und 2000.

Die beiden anderen *Major Indies*, Gramercy und USA Films, zeigen keine eindeutige Tendenz. Das bis 1999 agierende Studio Gramercy mied bis 1997 Sommer und Winter, zeigte aber in seinem letzten Jahr, 1998, eine konstante Verteilung. USA Films (seit 1999 auf dem Markt und ein Amalgam von u.a. Gramercy) war 1999 massiv im Herbst und Winter präsent, 2000 jedoch wieder in der ersten Jahreshälfte.

Die *Macro-Indies* October, Lions Gate und Artisan zeigen ebenfalls unterschiedliche Distributionsweisen. October verteilte seine Filme über das ganze Jahr. Von 1996 bis zur Fusion zu USA Films 1999 ist eine leichte Konzentration auf die Herbstsaison erkennbar. Die noch jungen Lions Gate und Artisan überraschten schon mit jeweils starken Auftritten im Sommer und Herbst: Artisan brachte 1999 sechs von 14 Filmen in der Sommersaison in die Kinos, Lions Gate konzentrierte sich im Jahr 2000 vor allem auf den Sommer und Herbst, als zwölf von 18 Filmen zwischen 16. Mai und 15. November in den Kinos gestartet wurden.

---

36 Daten von Miramax und New Line Cinema in den Jahren 1991 und 1992 zu ungenau. Deshalb beginnt ihr Verlauf erst 1993.

Abbildung 34

Jahresverhalten der Majors im Vergleich zu Miramax und New Line, 1991-2000.

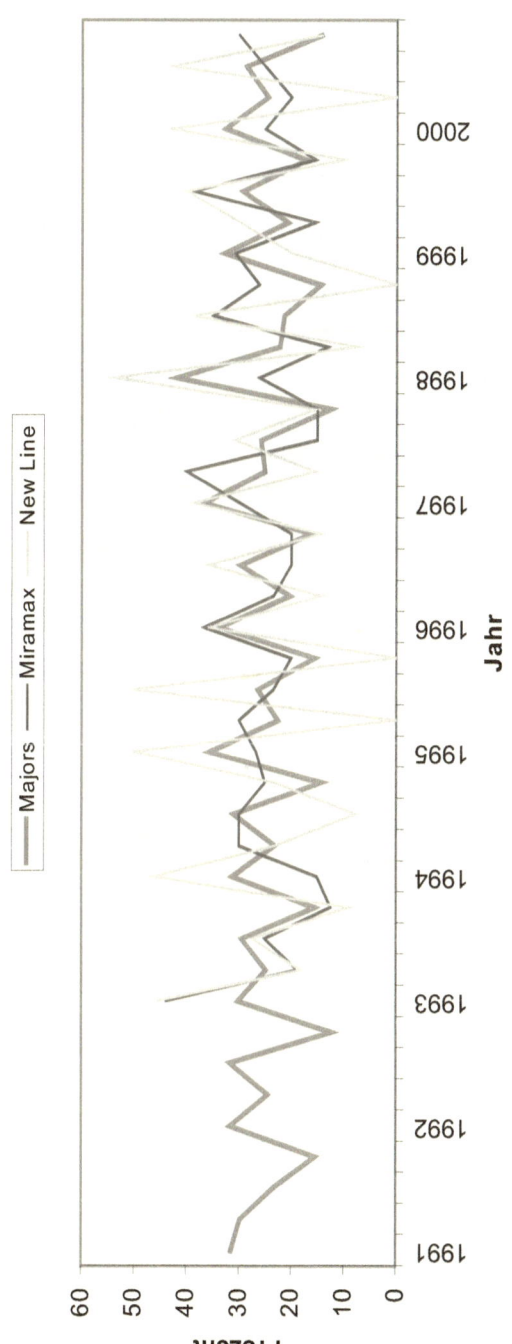

Quelle: eigene Erhebung

Die *Classic Indies* setzen vielfach bevorzugt auf den Sommer. Bei Sony Pictures Classics ist seit 1991 keine Tendenz erkennbar, jedoch werden starke Auftritte im Sommer 1993, 1995, 1998 und 2000 verzeichnet. Paramount Classics, Universal Focus, Screen Gems oder auch UA sind noch zu jung, um Tendenzen widerzuspiegeln. Aber etwa Par Classics und Screen Gems sind bereits sehr stark im Sommer vertreten: Screen Gems setzte die Startermine für seine beiden ersten Filme in den Sommer '99, ein Jahr später starten zwei von vier Gems-Filmen ebenfalls im Sommer. Paramount Classics bringt 1999 die Hälfte seiner insgesamt sechs Filme im Sommer auf die Leinwände, 2000 waren es ebenfalls drei (von insgesamt sieben). Einzig Fox Searchlight meidet die Sommer- und Wintermonate der Majors. Im Winter sind vereinzelt Filme zu verzeichnen, 1999 und 2000 wurde kein Searchlight-Film im Sommer gestartet.

Wiederum zeigt die Graphik (Abbildung 35, nächste Seite) die unterschiedlichen Verhaltensweisen der Independents. Fox Searchlight konzentriert sich massiv auf die Monate im Herbst und meidet sowie Sommer als auch Winter. Der gelbe Verlauf ähnelt stark dem Verlauf von New Line Cinema. Sony Classics weist verstärkte Auftritte im Sommer auf (1993, 1995, 1998). In den Jahren 1995 bis 1997 ist Sonys Verlauf fast ident mit dem der Majors. Ab 1998 ändert Sony Classics wiederum ihre Distributionsweise und ist 1998 bspw. massiv im Sommer präsent, ein Jahr später massiv im Winter.

Abbildung 35

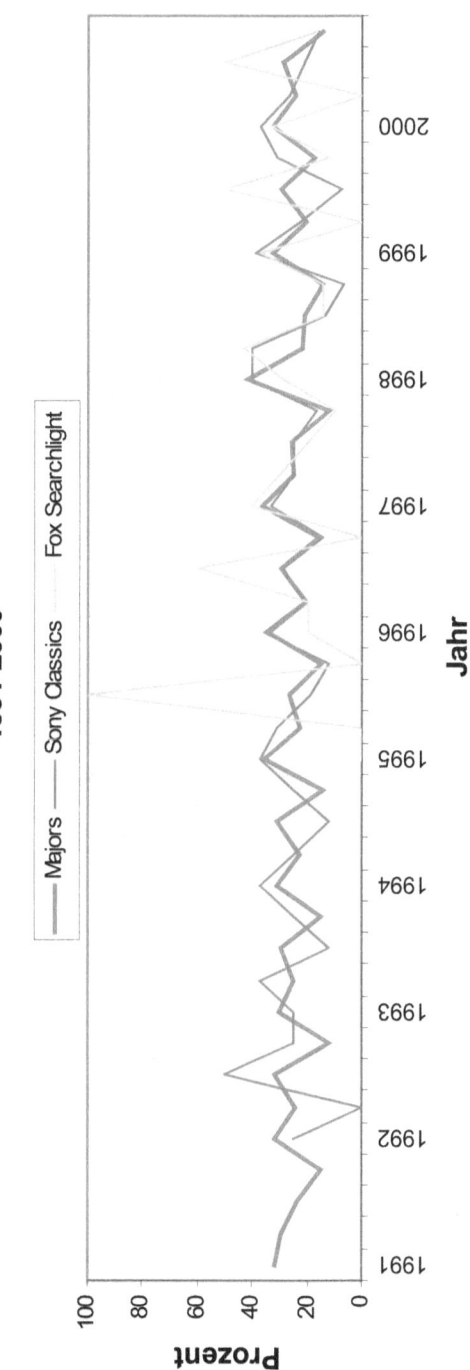

Quelle: eigene Erhebung

Ein Gesamttrend, den alle Indies mitmachen würden, ist nicht zu verzeichnen. Jedoch kann festgehalten werden, daß dank Miramax oder dem neu gegründeten Lions Gate verstärkt auch die Sommermonate ins Auge gefaßt werden. Zudem konzentrieren sich einige Firmen auf die späte zweite Jahreshälfte (Miramax, October), also ein guter Zeitpunkt, um Oscar-Filme ins Rennen zu schicken. Nur wenige Firmen (Fox Searchlight, Gramercy, und überraschenderweise New Line Cinema) meiden die 'Major-Saisons' Sommer und Winter und zeigen somit einen stark von den Majors abweichenden Verlauf. Die Filme werden sonst relativ konstant über das ganze Jahr hinweg verteilt (etwas, was die Indies mit den Majors gemeinsam haben). Die verstärkte Präsenz im Sommer kann als Major-Charakteristikum (und somit als Verschmelzung) angesehen werden, jedoch kämpfen Filme wie Miramax' *My Son the Fanatic* (US-Start 25. 6. 1999) und *Lovers on the Bridge* (2.7.) oder Fine Lines *Trick* (23. 7.) nicht unbedingt mit den 1999-Major-Blockbuster wie Warners *Wild Wild West* (30. 6.) oder Sonys *Big Daddy* (25. 6.) um die gleiche Zielgruppen. „Specialized movies in summer are pure summer counterprogramming", bemerkt Klady. (Variety vom 3. Mai 1999) Da jedoch gegen Ende der 90er Jahre immer mehr Indie-Studios dazustoßen, befinden sich auch immer mehr Indie-Filme auf dem Markt. Variety zählte im Sommer 1999 über 50 Indie-Filme, die zwischen Mai und August geplant waren, was ein Zuwachs von 20 Prozent zum Vorjahr darstellen würde. (Ebd.) Und hier sind die Indies mit einem Problem konfrontiert, das bislang nur den Majors Sorgen machte: Es sind einfach zu viele Filme auf dem Markt. Klady weiter: „The easy part is differentiating yourself from the blockbusters. The difficult part is that the competition in the sector is as ferocious as the mainstream." (Ebd.) Variety zählt 1997 ca. 400 Leinwände im US-Markt, die nur dem Nischenmarkt des Independent Films gewidmet sind. (Vgl. Variety vom 18. August 1997) Soll ein Film auf mehr als 400 Leinwänden spielen, ist er auf Leinwände der Kinoketten angewiesen, die aber bevorzugt (lukrativere) Mainstream-Filme zeigen. Die Folge ist, daß Indie-Filme keine Zeit mehr haben, ihre Zuschauer zu finden und nach ein, zwei Wochen bereits wieder vom Markt verschwinden, da sie entweder von einem anderen Indie verdrängt oder eben durch einen Mainstream-Film ersetzt werden; sie erleben also – wie die Blockbuster der Majors, nur auf kleinerem Level – ein schnelles *burn out*.

4.3.3 Fazit: Independent goes Hollywood

Erleben die Major Studios in den 90er Jahren einen Aufschwung, indem sich die *High-Concept*-Spirale weiterdreht, hat sich bei den Indies vieles verändert. Zwar können auch sie in den 90er Jahren Erfolge feiern – Studios wie New Line oder Miramax sind schon zu festen Größen in Hollywood geworden –, jedoch blieben und bleiben die Indies nicht bei ihren Distributions- und Produktionsweisen, sondern übernehmen Praktiken und Charakteristika der Majors. Eine Verschmelzung findet hier auf mehreren Ebenen statt, Independent scheint sich zu 'vermainstreamen', also dem Mainstream anzupassen.

- Indies werden immer erfolgreicher, besonders New Line Cinema und Miramax. Ihre Box Office-Zahlen erreichen die Höhen der Majors.

- Es steigen, wie auch bei den Majors, die Kosten für die Produktion von Filmen als auch für deren Vermarktung.

- Indies sind vielfach Teil eines Konglomerats (Miramax bei Disney, New Line bei Time-Warner, USA Films bei USA Network, usw.) und haben daher auch die Möglichkeit, die Distributionsarme dieser Konglomerate zu benutzen (für angrenzende Märkte). Viele Indies gehen Deals mit anderen Firmen ein oder gründen eigene Divisionen, um das Portfolio der Firma zu erweitern (horizontale Produktdifferenzierung) oder sich horizontal zu integrieren (Ausschöpfung angrenzender Märkte).

- Indies greifen vielfach auf (Mainstream-)Stars zurück, um somit zum einen Geldgeber für die Finanzierung des Films zu finden und zum anderen diesen Film besser vermarkten zu können.

- Die meisten der Indies starten jährlich über zehn Filme, Miramax oder New Line über 20. Durch *Cross-Collateralization* sollen auch hier Verluste und Gewinne im Gleichgewicht gehalten werden. Durch die erhöhte Anzahl an Independent Studios und somit auch Indie-Filmen findet auf dem Indie-Sektor derselbe Kampf statt, den die Majors unter sich austragen: der Kampf um die Leinwände, da sich zu viele Filme auf dem Markt befinden. Indie-

- Filme erleiden daher vermehrt das major-typische Schicksal des schnellen *burn out*.
- Studios wie Miramax, Artisan und vor allem Dimension und New Line produzieren bzw. distribuieren Fortsetzungen, was eine Mehrfachverwertung der Filme darstellt und ein typisches Major-Verhalten ist.
- Die Distributionsweise vermischen sich stark mit denen der Majors. Indies wie Miramax (vor allem das Label Dimension) oder New Line unterscheiden sich vielfach gar nicht mehr von den Major Studios. Die Analyse des *screen behavior* bspw. zeigt deutlich, daß gewisse Studios immer häufiger Filme als *wide release* in einer möglichst großen Anzahl von Kinos starten (*saturation booking*). Lediglich einzelne Indies wie Fine Line oder Sony Pictures Classics bleiben der Indie-Praxis treu, Filme klein zu starten (*platform release*). Firmen wie Artisan oder USA Films waren weder typisch Major noch typisch Indie, zeigen die Verschmelzung daher am deutlichsten.
- Die meisten Indies verteilen ihre Filme auf das ganze Jahr. Studios wie Miramax oder Lions Gate sind auch verstärkt im Sommer präsent, einer Zeit, die sonst von den Majors dominiert und kontrolliert wird. Miramax ist auch stark im Winter präsent, aber nicht bloß um in dieser Ferienzeit viel Geld zu scheffeln, sondern auch um Oscar-Anwärter zu einem günstigen Zeitpunkt ins Rennen zu schicken. New Line Cinema ist im Jahresverlauf erstaunlicherweise nicht major-typisch. Trotz Filmen mit Blockbuster-Qualität meidet das Studio die Monate des Sommers und Winters. Einzig Dimension Films zeigt sich wiederum major-typisch und startet seine Blockbuster bevorzugt zu Major-Zeiten.
- Die Independents, zunächst v.a. in Distribution tätig, integrieren sich vertikal und steigen vermehrt in die Produktion der Filme ein. New Line und Miramax agieren dabei fast schon wie Majors. Die anderen Indies nutzen vermehrt die Möglichkeit der Co-Finanzierung. Akquisition von Filmen bleibt aber dominierende Produktionsweise.

Wenn wir uns abschließend nochmals die Merkmale der Major Studios, wie sie Litman oder Dale beschreiben (siehe Seite 51f), vor Augen führen und mit den Independents vergleichen, erkennen wir, daß mittlerweile viele der angeführten

Charakteristika auch – wenn nicht so ausgeprägt – auf die Indies der 90er Jahre zutreffen: hoher Grad an *conglomeratness*, vertikale Integration, Diversifikation bzw. horizontale Integration, Portfolio Strategie, erprobtes Talent bzw. Rückgriff auf Stars, externe Lieferanten (Deals, Kooperationen), Marketing oder *Cross-Collateralization*.

„We've almost gotten into a studio mentality", beschreibt Fine Lines Distributionschef Steven Friedlander die Situation (zit. in Variety vom 13. Juli 1998), wobei sein Studio im Vergleich zu Fine Lines Mutter/Vater New Line Cinema noch eher als Indie angesehen werden kann. New Line gleicht stark einem Major. Nur schon die Tatsache, daß das Studio, das selbst als Indie startete, mit Fine Line ein Label für Nischenfilme formt, weil es selbst bereits Mainstream produziert, muß nicht weiter kommentiert werden. Miramax ist ebenfalls auf bestem Weg, ein Major zu werden, jedoch immer noch stark in Akquisition von kostengünstigen, ambitionierten Filmen tätig. Das Label Dimension übernimmt die großen Major-Filme für das Studio und somit auch die major-typischen Verhaltensweisen. Die anderen *Major Indies* Gramercy und USA Films agieren zwischen Mainstream und Independent, so auch die *Macro-Indies* Artisan und Lions Gate. Die *Classic Indies* agieren noch sehr indie-typisch: Sie sind fast ausschließlich in Distribution und Akquirierung von Filmen tätig, haben wenige Filme auf dem Terminkalender (außer Sony Pictures Classics), starten ihre Filme als *platform release* in den Kinos, produzieren keine Sequels und präsentieren noch keine ausgeprägte horizontale Integration (von den Möglichkeiten abgesehen, die die Majors ihnen bieten).

4.4 Spiegelbild der Zeit: Oscars, Spirit Awards und Sundance

Seit 1929 vergeben die über 6.000 Mitglieder der Academy of Motion Picture Arts and Sciences jährlich Awards, die *Oscars*, für herausragendes Filmschaffen. Seit Beginn ist der Oscar die größte Anerkennung in Hollywood und für den Film selbst ein wichtiges Marketing-Instrument: Mit einer Oscar-Nominierung bzw. einem Oscar-Gewinn steigern sich die Einspielergebnisse, ein empirisch nachgewiesener Befund. (Vgl. bspw. Litman 1998, S. 172ff) Aber der Oscar ist nicht nur in der Filmbranche ein Symbol für Anerkennung. Die Academy Awards, die jährlich im Frühjahr vergeben werden, sind mehr als eine Feier für Hollywood. Es ist ein weltweites Großereignis, an dem Millionen von Menschen teilhaben, das weltweit übertragen wird und Menschen zum Teil bis zu fünf Stunden vor dem TV-Apparat sitzen und mitfühlen, wenn Julia Roberts weinend den Oscar für Beste Schauspielerin für ihre Rolle in *Erin Brokovich* (2000) in den Händen hält, wenn Roberto Benigni vor Freude auf Spielbergs Rücken tanzt (Oscar für *Life is Beautiful* [1998]) oder wenn James Cameron mit *Titanic* (1997) nach gewonnener Schlacht um den Besten Film in die Welt ruft: „I am the king of the world!"

Es lohnt sich daher, einen genaueren Blick auf die Vergabe der Oscars zu werfen, da die Institution und ihre Entscheidungen (d.h. deren Nominierungen und Wahl) den Output Hollywoods bewerten und für diese Arbeit als Spiegelbild der Zeit angesehen werden können. Die Verschmelzung von Independent und Mainstream findet auch im Kampf um die begehrten Statuetten statt, und somit sehen sich die Academy-Mitglieder immer häufiger mit der Frage konfrontiert, ob jetzt ein Indie oder ein Major ihren Zuschlag erhalten soll: Soll für das Epos *Gladiator* gestimmt werden oder für das chinesische Epos *Crouching Tiger, Hidden Dragon* (Oscars 2001)? Und wer sagt, daß Spielbergs *Saving Private Ryan* der bessere Film über den 2. Weltkrieg ist als Benignis *Life is Beautiful* (Oscars 1999)? (Die Academy entschied sich möglicherweise aufgrund ihrer Unschlüssigkeit letztlich für die einzige Komödie im Rennen, *Shakespeare in Love*.)

Wenn wir die Anzahl nominierter und auch letzten Endes vergebener Oscars für Indie-Filme betrachten, sehen wir, daß immer mehr Filme der Indies eine Nominierung bzw. auch den Oscar erhalten.[37]

---

37 In der Betrachtung der Oscar-Nominierungen und -Gewinner werden alle Kategorien miteinbezogen, außer: Ausländischer Film, Short Film (animiert und Live Action) sowie Dokumentarfilm (Feature, Short Subject).

Abbildung 36

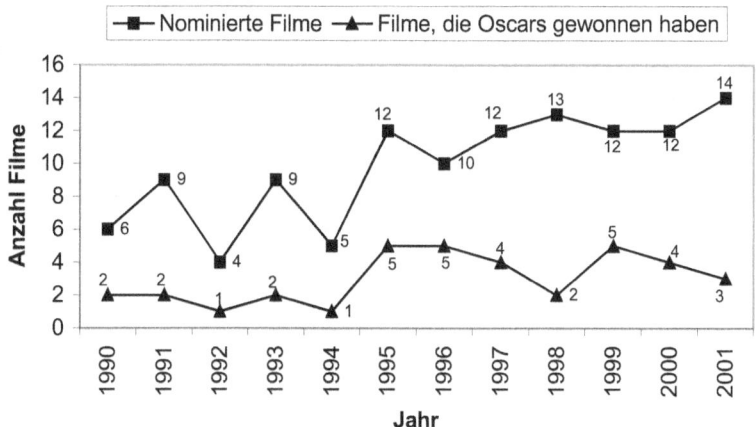

Quelle: eigene Erhebung

In den Jahren 1990 bis 1993 feierte vor allem das Studio Orion Oscar-Erfolge, konnte aber trotz den Erfolgen mit *Dances With Wolves* (Oscars 1991), *Silence of the Lambs* (Oscars 1992) oder *Love Field* (Oscars 1993) seinen finanziellen Untergang nicht vermeiden. Auch die Samuel Goldwyn Company mischte noch fleißig mit (*Henry V* [Oscars 1990] oder *Wild at Heart* [Oscars 1991]). Ab 1993 erhielten die Indies, die in dieser Arbeit untersucht wurden, die Nominierungen. Orion, Orion Classics oder Goldwyn traten nur noch sehr selten und vereinzelt in Erscheinung.

Zwei Trends sind zu erkennen: Zum einen erhalten immer mehr Indie-Filme eine Nominierung (ab 1995 jährlich über 10 Filme, mit Höhepunkt in 2001 mit 14 Filmen), und zum anderen gewinnen auch immer mehr Indie-Filme die Oscar-Statue: Lag der Durchschnitt anfangs der 90er Jahre noch bei ein bis zwei Gewinner, gehen ab 1995 die Oscars an bis zu fünf Filme von unabhängigen Distributionsfirmen. Lediglich 1998 erhielten nur zwei Indie-Filme einen Oscar.

Der Aufstieg der Independents zeichnet sich auch bei der Untersuchung der nicht bloß nominierten Filme, sondern der Gesamt-Nominierungen ab: Wurden bis 1996 höchstens 30 Nominierungen von Indie-Filmen gezählt, wird diese Hürde in den darauf folgenden Jahren überschritten und erreicht 1997 und 1999 über 40 Nominierungen, also fast die Hälfte aller Nominierungen. Da die Anzahl der Gesamt-Nominierungen jährlich variiert, werden in der Graphik die Nominierungen als Prozentzahlen angegeben.[38]

Abbildung 37

Prozentualer Anteil der Nominierungen für Indie-Filme, 1990-2001

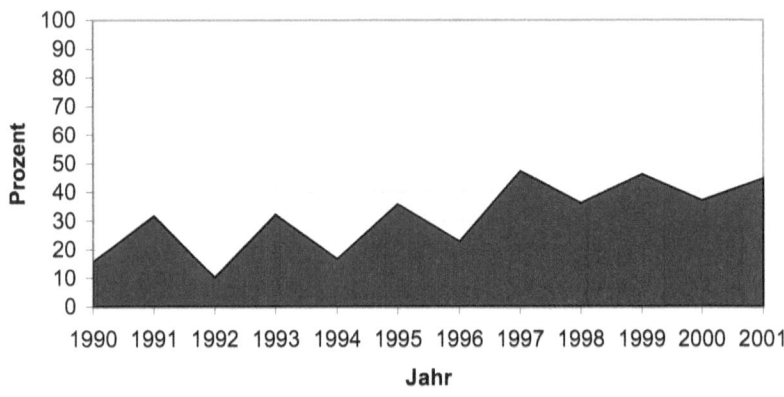

Quelle: eigene Erhebung

---

38 1990 werden insgesamt 89 Nominierungen ausgesprochen. Die Zahl verringert sich im Jahr 1993, weil die beiden Kategorien *Set Decoration* und *Art Direction* (je fünf Nominierungen) zusammengefaßt werden. 1996 erhöht sich die Anzahl an Nominationen auf 88, da *Original Score* geteilt wurde in *Original Dramatic Score* und *Original Musical or Comedy Score* (je fünf Nominierungen); in der Kategorie *Visual Effects* werden in diesem Jahr nur zwei Nominierungen (anstatt der üblichen drei) ausgesprochen. Im Jahr 2000 werden die beiden Musik-Kategorien wieder in eine zusammengefaßt (*Original Score*), die Anzahl Nominierungen fällt wieder auf 84, und 2001 werden nur zwei Filme für *Sound Effects Editing* nominiert, die Gesamtzahl der Nominationen fällt auf 83. Entsprechend fällt bzw. erhöht sich die Gesamtzahl an jährlich vergebenen Oscars.

Zählt man die Oscars, die an Indie-Filme vergeben wurden, zeichnet sich ebenfalls eine Steigerung ab: von anfänglich drei Oscars in 1990 über (Rekord!) 13 Oscars in 1997 (von insgesamt 19 vergebenen Statuetten) bis zu acht Oscars für Indies im Jahr 2001. Lediglich 1998 war für die Indies ein weniger erfolgreiches Oscar-Jahr. Wiederum werden in der Graphik Prozentwerte angegeben (siehe Fußnote 38).

Abbildung 38

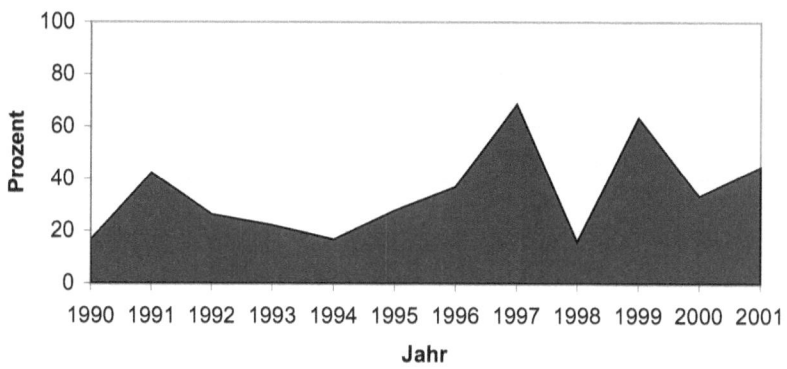

Prozentualer Anteil von gewonnenen Oscars von Indies, 1990-2001

Quelle: eigene Erhebung

Seit Mitte der 90er Jahre sind die Indies bei der Oscar-Show also sehr stark vertreten. Ein Studiochef wird 1996 zitiert, als die Nominierungen für die Verleihung im Frühjahr '97 verlautbart wurden: „This doesn't look much like the Oscars; it looks like the Independent Spirit Awards." (Zit. in Variety von 23. Dezember 1996) Die Spirit Awards, quasi die Oscars für den Independent Film, werden weiter unten kurz angesprochen. Die Oscar-Verleihung '97 stellte Hollywood auf den Kopf: Vier der fünf nominierten Bester-Film-Kandidaten waren Indies (*The English Patient, Fargo, Screts & Lies* und *Shine*). Der einzige Major-Kandidat war *Jerry Maguire*. Drei der fünf Nominierungen für Bester Schauspieler gingen an Schauspieler in Indie-Filmen und gar alle fünf Kandidatinnen der Kategorie Beste Hauptdarstellerin spielten in Filmen, die von Indies distribuiert wurden. 1997 gingen die Oscars in allen wichtigen Kategorien an Indie-Filme: Bester Film (*The English Patient*), Bester Darsteller (*Shine*), Beste Darstellerin (*Fargo*), Beste Nebendarstellerin (*The English Patient*), Beste Regie (*The English Patient*), Bestes Original-Drehbuch (*Fargo*), Bestes adaptiertes Drehbuch (*Sling Blade*), Beste Kamera (*The English Patient*) und Bester Schnitt (*The English Patient*). Lediglich *Jerry Maguire* konnte sich in der Kategorie Bester Nebendarsteller gegen die Independents durchsetzen.

Seit 1998 mischen sich in diesen Kategorien die Filme der Indies unter jenen der Majors. Weder Mainstream noch Independent dominiert, eine Verschmelzung hat auch hier stattgefunden. Die Majors dominieren lediglich noch in den 'technischen' Kategorien wie Original Music or Comedy Score, Original Song, Sound, Sound Effects Editing oder Visual Effects, also Kategorien die dank *High Concept* und horizontalen Märkten von ihnen vorangetrieben wurden.

Die Verschmelzung ist auch auf ästhetischer Basis vor allem im neuen Jahrtausend ersichtlich: Wer kann sagen, welche der für Bester Film nominierten Produktionen von Indies stammen und welche von Majors? Zur Auswahl stehen: *American Beauty*, *The Cider House Rules*, *The Green Mile*, *The Insider* und *The Sixth Sense*.

Das gleiche Spiel für 2001: *Chocolat, Crouching Tiger – Hidden Dragon, Erin Brokovich, Gladiator* und *Traffic*.

Willkommen in der vermischten Welt von Kommerz und Kunst!

Ein kurzer Seitenblick auf eine andere Veranstaltung soll getan werden: die Independent Spirit Awards. Diese Verleihung wird vom Independent Feature Project (IFP), Amerikas größter Vereinigung unabhängiger Filmschaffender, veranstaltet und findet in der Nacht vor der Oscar-Verleihung statt. Die Indie Spirit Awards sind für den Independent Sektor das, was die Oscars für den Mainstream darstellen. Bewertet werden hier Filme, die unabhängig produziert wurden (also ohne Rückendeckung der Majors; sie können jedoch von Majors distribuiert werden). An der Liste der Gewinner der letzten Jahre erkennt man auch hier, daß zum einen viele Indie-Spirits-Filme mittlerweile auch bei der Oscar-Show das Rennen machen und aber auch daß sich öfters ein Film der Majors unter die Spirits-Sieger schleicht. Bis 1994 gewinnen ein bis drei Filme an den Spirits Awards, die einen Tag später mit vereinzelten Nominierungen an der Oscar-Show teilnehmen dürfen (bspw. *Rambling Rose* [Spirit Awards 1992], *The Crying Game* und *The Player* [beide Spirits 1993] oder *Short Cuts* und *The Piano* [beide Spirits 1994]). Ab 1995 sorgen bei den Indie Spirits Filme für Furore, die auch bei der Oscar-Show mit vielen Nominierungen und in 'Major'-Kategorien mitmischen: *Pulp Fiction* und *Bullets Over Broadway* (Spirits 1995) oder *Dead Man Walking* und *The Usual Suspects* in 1996. Die Gewinner-Liste der Spirits '97 – das Jahr der Independents bei der Oscar-Verleihung – hätte mit Abstrichen auch mit der Liste der Oscar-Gewinner verwechselt werden können, mit Sieger-Filmen wie *Fargo*, *Sling Blade*, *Lone Star* und *Secrets & Lies*. Nach zwei Jahren (1998 und 1999), einer Phase, die man mit 'Zurück zu den Wurzeln' beschreiben könnte, gingen Indies und Majors im neuen Jahrtausend wieder Hand in Hand. Die Indie Spirit Awards im Jahr 2000 waren ein klares Zeichen in Richtung Verschmelzung: Die Indies (und oscar-nominierten) *Being John Malkovich*, *Boys Don't Cry* und *Tumbleweeds* machten ebenso wie die Majors *Election* oder *The Straight Story* (distribuiert von Paramount bzw. Buena Vista) von sich reden. *Election* gewann sogar den Indie-Award für den besten Film. (Es überrascht, daß dieser Film bei der Oscar-Verleihung nicht beachtet wurde.) Im Jahr 2001 setzt sich der Trend fort, daß Indie-Gewinner auch bei der Oscar-Show kräftig mitspielen: *You can count on me*, *Before Night Falls*, *Requiem for a Dream*, *Shadow of the Vampire* und allen voran *Crouching Tiger, Hidden Dragon*.

Für den Independent Film fast noch bedeutender als die Indie Spirits ist das Filmfestival Sundance im US-Bundesstaat Utah. Filmfestivals sind in den USA besonders nach dem Aufflackern des New American Cinemas in Erscheinung getreten. An Colleges und Universitäten wurde zu dieser Zeit vermehrt über das Wesen des Films reflektiert, Filmfestivals boten eine willkommene Gelegenheit, an der sich Filme und Filmfreunde austauschen konnten. Viele der heute bedeutendsten Filmfestivals im nordamerikanischen Raum hatten ihre Geburtsstunden in den frühen 70er Jahren: Telluride (in Colorado, 1973) oder die Festivals in Toronto und Seattle (beide 1975). Sundance erblickte erst 1978 das Licht der Filmwelt und entwickelte sich im Schatten des Aufstiegs der Indies zum wohl bekanntestes und prestigeträchtigsten Indie-Festival weltweit. Geburtsort des Festivals war Salt Lake City, Utah; getauft wurde es zunächst auf den Namen US Film Festival. 1981 zog das Festival in den kleinen Skiort Park City. Im gleichen Jahr formte Robert Redford das Sundance Institute, um unabhängiges Filmemachen zu unterstützen. 1985 übernahm Redfords Institut das US Film Festival und gab ihm im Jahr 1991 den Namen Sundance Film Festival. (Vgl. Merritt 2000, S. 261ff)

Das Festival schlummerte bis Ende der 90er Jahre vor sich hin. Mit dem Aufstieg der Independents war auch die Stunde für Sundance gekommen. Verbuchte das Festival 1987 lediglich 60 Bewerbungen, waren es 1992 bereits 400 und am Ende des Jahrtausends knapp 1.000 Anmeldungen! Variety berichtet im Jahr 2000 von sogar insgesamt 1.759 Anmeldungen in allen Kategorien. (Vgl. Variety vom 11. Dezember 2000)

Begonnen hat auch hier alles mit Soderberghs Erfolg *sex, lies, and videotape*, der beim Festival für Furore sorgte. Damit war nicht nur der Film in aller Munde, sondern auch das Festival. Von da an war Sundance ein Ort, wo neue Talente und qualitativ ansprechende Filme gezeigt und gefunden wurden. Da sowohl die Independents als auch die Majors häufig Filme akquirieren, wurde das Festival zu einem beliebten Marktplatz. In Sundance haben die meisten Filme noch keinen Verleih gefunden, der ihren Film in die Kinos bringt. Beim Festival erhoffen sie sich, in einem möglichst gewinnbringenden Deal, ihr 'Produkt' an ein Studio bzw. an einen Verleih verkaufen zu können. Das Festival ist daher überfrachtet mit Pressejunkies, *sales agents* und Studiobossen. In Park City werden nicht Filme *geschaut*, sie werden *gekauft*. Dies konfrontiert die Programmverantwortlichen mit einem Dilemma: Auf der einen Seite befinden sich die *sales agents*, mit dem Anspruch: „Where is the commercial work? What's here that we can pick up?" (Programmchef Geoff Gilmore), auf der anderen Seite warten die Pressemenschen und Filmliebhaber: „Here's something that we can find particularly interesting as high quality film-making." (Gilmore zit. in Gross 1995, S. 22) Mainstream-nahe Filme befinden sich somit im Festivalprogramm genauso wie ambitioniertes *low-budget*-Filmwerk. Zusätzlich wird durch die Verschmelzung von Indie und Mainstream die Entscheidung zwischen dem, was gezeigt werden soll, und dem, was nicht an dieses Festival gehört, immer schwieriger.

Geoff Gilmore 1994: „To some degree the distinction between studios and independent films is becoming more and more gray, and we're reflecting that." (New York Times, abgebildet in Pierson 1995, S. 292) Im selben Jahr waren Filme wie *The Hudsucker Proxy* oder *Four Weddings and A Funeral* vertreten. Variety kommentierte: „[...] this cerebral celebration of independent filmmaking has been coopted by commercialism" (Variety vom 31. Januar 1994), und ruft das „Tinseltowning of Sundance" aus. (Variety vom 17. Januar 1994) Doch bereits 1996 wurde auf Nachdruck von Redford wieder vermehrt auf nichtkommerzielle Filme gesetzt. Mittlerweile hat sich auch bei Sundance die Verschmelzung eingenistet: Zum einen findet immer wieder Kommerzielles den Weg ins Programm und zum anderen etablierte sich das Festival zu einem hart umkämpften Marktplatz, auf dem unkonventionelle Filme die Chance erhalten, gesehen, gekauft und schließlich distribuiert zu werden. Das Festival kann daher nicht bloß als Spiegelbild der Zeit bezeichnet werden, sondern es war aktiv daran beteiligt, daß einerseits der Independent Film salonfähig wurde und andererseits ein wenig 'Indie' unter den Mainstream kam.

5. Ein neues New Hollywood?

> DIE ZEIT: Wie kommt Ihnen die Independent-Szene heute vor?
> Steven Soderbergh: Ich glaube, sie ist so gut wie tot.
> – in: DIE ZEIT vom 5. April 2001.

> „It's official: The American independent cinema has arrived!"
> – Emanuel Levy, in: Cinema of Outsiders (1999).

Zwei Ansichten, die dem Verfasser dieser Zeilen eine persönliche Einschätzung, ob nun ein neues New Hollywood bevorsteht oder nicht, nicht gerade erleichtern. Nach den bisherigen Ausführungen darf jedoch angenommen werden, daß sich in Hollywood etwas in Bewegung gesetzt hat. Ob daraus ein länger andauerndes, Hollywood in allen Bereichen erfassendes Phänomen wird, kann hier nicht verkündet werden. Hollywood steckt immer noch tief in der Blockbuster-Falle, und besonders die Indie-Szene ist in ihrer Entwicklung zu unkonstant, zu unsicher, als daß auch hier Prognosen abgegeben werden könnten.

Steven Soderbergh ist zuzustimmen, wenn er den Independent Film für tot erklärt, denn er geht von einer Definition von Independent aus, wie sie üblicherweise gebräuchlich war: Independent Filme sind *low-budget*-Filme, die von unabhängigen Quellen (also nicht von einem Studio) finanziert und auf wenigen Leinwänden in speziellen Lichtspielhäusern gezeigt werden. Solche Filme bzw. Firmen, die diese Filme verleihen – in der Einleitung wurden sie als *micro-indies* bezeichnet –, haben Mühe sich durchzusetzen, da sie einfach keine Beachtung finden. Selbst in dieser Arbeit wurde diese Gruppe vernachlässigt, da sie das amerikanische US-Kino nicht beeinflussen, keine nennenswerten Gewinne machen und nicht im Markt auffallen. Diese Bewegung ist tot bzw. gar nicht vorhanden, und Soderbergh geht recht in der Annahme, wenn er sagt: „[...] ich glaube, man muß die Szene mit dem Studiosystem vergleichen: Sie muß sich ändern, um zu überleben. Die Independents müssen sich etwas einfallen lassen. Die Aufmerksamkeit für Indie-Filme hat sehr stark abgenommen. Im Herbst habe ich einen großartigen Film gesehen, Christopher Nolans *Memento*. Kein Verleiher wollte ihn herausbringen. Das war für mich ein Signal, daß es die Bewegung nicht gibt. Irgendetwas wird sich ändern. Vielleicht, indem sich immer mehr Leute so wie ich an den Mainstream assimilieren und Mainstream-Filme machen – mit einer etwas anderen Sensibilität." (Zit. in Die Zeit vom 5. April 2001) Und genau an diese Art von Independent Film denkt Emanuel Levy, wenn er im Zitat zu Beginn dieses Kapitels froh verkündet, daß das amerikanische Independent-Kino endlich angekommen sei, dank Regisseuren wie Quentin Tarantino oder eben Steven Soderbergh, die solche „assimilierten" Filme drehen. Hat sich also bereits etwas verändert?

Mit dem Aufstieg der Independents um 1989 erhält der Independent Film wieder seine Chance. Auch wenn die Indie-Firmen dieser Aufschwung-Phase mitunter nicht mehr zu den klassischen Indies gezählt werden können (weil eben bereits von Majors gekauft, weil bereits stark im Mainstream tätig, weil stark majortypisches Verhalten in Produktion und Distribution offenbart werden), haben es diese Firmen geschafft, in Hollywood Fuß zu fassen und können nun ihre Saat säen und teilweise schon ernten.

Das ästhetische New American Cinema zwischen 1968 bis 1974 kann mit dieser Bewegung der 90er Jahre verglichen werden. Auch damals waren Independent Filme erfolgreich, wohl aber, weil das Publikum des Mainstreams müde war und die damalige Zeit die Bahn für unkonventionelle Filme ebnete. Jedoch fehlte dieser Bewegung eine entscheidende Basis: die ökonomische Grundlage. In den 70er Jahren waren die Indies auf die Studios angewiesen, denn es waren die Majors, die sich für kurze Zeit darauf einließen, Indie-Filme zu distribuieren. Als die Studios mit Blockbuster und *High Concept* wieder einen Weg gefunden hatten, ökonomisch erfolgreich zu agieren, wurde das Tor für die Indies, und damit auch für den ästhetisch unkonventionellen Film, wieder geschlossen.

In den 90er Jahren bauten sich die Indies eine eigene Basis auf. Als erkannt wurde, daß auch mit Indie-Filmen wie *sex, lies, and videotape* Geld gemacht wird, war das nur der Anfang. Studios wie New Line oder Miramax, die von Anfang an dabei waren, produzierten immer mehr dem Mainstream ähnliche Filme; nicht weil sie wollten, sondern weil sie *mußten*, d.h. ökonomisch dazu gezwungen waren. Nur so konnten sie überleben. Lions Gate-Präsident Tom Ortenberg: „Indies cannot live on a diet of arthouse alone. There's a business (in pure arthouse) but I don't think there's a growth business." (Zit. in *www.variety.com*,

Variety Staff) Eine Assimilierung bzw. Verschmelzung mit dem Hollywood-Mainstream stellt ein notwendiges, aber ein Studio erhaltendes Übel dar. *Classic*-Abteilungen der Majors können überleben, weil sie vom Major Studio gestützt werden. Sony Pictures Classics bspw. bringt *low-budget*-Filme in die Kinos, die nicht unbedingt viel Geld einspielen. Dank dem Rückhalt der Majors können sie sich das aber leisten. Die Chance für Independent Filme, auch im unteren Budget-Bereich zu reüssieren, ist also vorhanden. Die ökonomische Grundlage ist gegeben. Der Independent Film ist daher wirklich in Hollywood und den Köpfen des Publikums angekommen und ist nicht mehr bloß eine Randerscheinung. Russel Schwartz (Präsident von Gramercy): „This is not a cyclical thing, like 'this year it's independents, next year will be studios'. The lines are blurred now ..." (Zit. in Variety vom 20. Februar 1995) Variety sieht auch das Potential einer solchen Verschmelzung: „The combination – studio strenght, independent tenacity and arthouse quality – could be a powerhouse." (Ebd.) Filme wie *Pulp Fiction, Chocolat, The Cider House Rules* oder *Traffic* beweisen das. Bestes Beispiel ist *American Beauty* (1999). Der Film, der die Fassade einer zerbröckelnden Familien-Idylle entblößt, wurde von Dreamworks produziert und distribuiert und gewann im Jahr 2000 den Oscar für Bester Film. Dreamworks wurde in dieser Arbeit als Major Studio angeführt, das jedoch mit Abstrichen (siehe Seite 18), da das Studio im Gegensatz zu all den anderen Majors noch nicht vollständig vertikal integriert ist, kein MPAA-Mitglied ist und v.a. großes Potential für unkonventionellere Filme besitzt, die dank den finanziellen Ressourcen der Gründer Steven Spielberg, David Geffen und Jeffrey Katzenberg auch umgesetzt, d.h. produziert werden *können*. Auch Peter Bart sieht bereits 1998 das vorhandene Potential des Neulings: „Still unanswered was the question of whether Dreamworks would utilize these resources merely to replicate the output of established Hollywood companies or rather to strike out on its own, creating its own distinctive personality and putting its own stamp on its product. [...] Would DreamWorks break the mold?" (Bart 1999, S. 295f) Mit *American Beauty* erhielt Bart die Antwort.

Es soll hier nicht der Eindruck entstehen, daß Filme wie *American Beauty* als Independent Filme angesehen werden. Sie zeigen jedoch die Verschmelzung von Mainstream und Independent, die zudem sehr erfolgreich sein kann.

Hier kann die Frage nach einem New Hollywood wieder aufgegriffen werden. Der Independent Film allein kann kein neues Hollywood herbeiführen. Jedoch in Verbindung mit dem Mainstream, inhaltlich als auch ökonomisch, ist eine neue Bewegung möglich. Die ökonomische Basis ist vorhanden, dank *High Concept*, dank den Fusionen, dank dem New Hollywood Nr. 2, das auch die Independents erfaßt. An das New Hollywood Nr. 1, die ideologische Grundlage der Indies, kann jetzt wieder angeschlossen werden, auch wenn nicht in seiner puren, sondern in einer angepaßten Form. Selbst Thompson, sonst Verfechterin des klassischen Kinos, das nach ihrer Ansicht auch noch im heutigen Kino dominiert, erkennt hier Möglichkeiten, auch wenn dabei der klassische Mainstream die Oberhand behält: „I would argue that in fact the rise of 'independents' has created a situation similar to that of the auteurist directors of the 1970s 'movie brat' generation. Such filmmakers are not reforming Hollywood in any fundamental way, though they are having some influence on it. Rather, the mavericks and independents succeed to the extent that their films make money, and the mainstream longevity of any filmmaker depends upon some adaptation to the Hollywood system." (Thompson 1999, S. 340) Steven Soderbergh würde dieser Aussage zustimmen (siehe oben). Umgekehrt, so die Autorin, würde sich aber der Mainstream nicht den Indies anpassen. Wann immer Indie-Bewegungen entstehen, nutzt Hollywood lediglich die für sie verwertbaren Vorteile daraus, ohne aber den Weg des klassischen Kinos zu verlassen: „In all cases, the Hollywood system has culled those techniques it found useful from each movement or trend, ignoring elements that are too challenging to the classical system." (Thompson 1999, S. 340) Kleinhaus sieht darin die Gefahr, daß die Majors die von den Independents geschaffenen Nischen füllen. (Vgl. Kleinhaus 1998, S 232f) Die Major Studios konkurrieren vermehrt (aber immer noch ungenügend) mit unkonventionelleren Filmen wie *The Truman Show*, *Rushmore* (beide 1998), *Election*, *Liberty Heights*, *Cradle Will Rock* oder *The Straight Story* (alle 1999) mit den Indies und füllen sofort Marktlücken mit einem dem Mainstream angepaßten Film, sobald ein Indie-Film in dieser *art-house*-Nische erfolgreich war. Kleinhaus nennt als Beispiele das Aids-Drama *Philadelphia* (1993) als Antwort der Majors auf die Homosexuellen-Bewegung, oder *Reality Bites* (1994) als Antwort auf die immer häufiger aufkommenden Generation X-Filme.

Sicherlich macht es dies für die Indies schwieriger, sich im Markt durchzusetzen. Aber da auch sie immer häufiger (und erfolgreich) in den Markt der Majors vorstoßen (nicht nur mit Mainstream-Filmen), kann dies als gesunder Konkurrenz-Kampf angesehen werden. Und wenn auch Majors unkonventionellere Filme drehen, oder umgekehrt Indies konventionellere Streifen produzieren, kann dies im Sinne einer Stärkung des künstlerisch anspruchsvollen Kinos nur begrüßt werden: „[...] there is nothing wrong with that, nothing wrong with making the mainstream a little better", schreibt Larry Gross. (Gross 1996, S. 13)

Was also geschah bzw. geschieht mit Hollywood? Hollywood bleibt vorläufig im Mainstream, späht jedoch zu den Indies. Die Indies agieren hingegen nur noch teilweise als klassische Indies. Sie nähern sich immer mehr den Majors an, auch in der Ästhetik ihrer Filme. Die Begriffe Mainstream und Independent treffen für viele Filme gar nicht mehr zu. Sie sind weder das eine noch das andere. Richard Schickel, Filmkritiker beim Time Magazine, nennt solche Filme „faux art film"; Mark Ordesky, Präsident von Fine Line Features, nennt sie „upscale commercial film". (Vgl. *www.hollywoodreporter.com, Art-house-puzzle*) Brad Anderson, selbst unabhängiger Filmemacher, spricht sich gar für eine Abschaffung der Bezeichnung Independent aus: „What happens if we peel this label? Maybe we'll begin to see that independent films are really films, any films, that regardless of whether they're made for 50 grand or $50 million, whether they are playing on two screens or 2.000, star unknowns or page-sixers ... regardless of all these things, they are simply films that defy our expectations, surprise us, transport us. They will be seen the alternative to the flood of commercial kitsch that is swamping this culture and not part of it. And then audiences might reward them for their merits, not their hipster cachet. So let's peel off the label, defy expectations and work with an independent spirit to simply make 'good' films." (*www.variety.com, Anderson*)

Die Grundlage dafür ist geschaffen worden. Und wenn Andersons Wunschdenken in Zukunft eintreten würde, wäre die angebrochene Verschmelzung von Independent und Mainstream vollzogen und ein neues New Hollywood, das starke Ökonomie und neue, unkonventionelle Ästhetik verbindet, ebenso. Wenn die *movie brats* der 70er Jahre eine Bewegung auslösen können, und das ohne ökonomische Basis, dann können dies die *art-film brats* der heutigen Bewegung, mit ökonomischen Rückhalt, auch. Und das länger als nur für einen Zeitraum von sechs Jahren. Der Aufschwung der Independents im aktuellen US-Kino begann bereits Ende der 80er Jahre und überlebte erfolgreich ein ganzes Jahrzehnt. Es ist ein gutes Zeichen, wenn sich im Oktober 2001 Regisseure wie Steven Soderbergh (*Traffic*, *Out of Sight*), Spike Jonze (*Being John Malkovich*), David Fincher (*Fight Club*) und Sam Mendes (*American Beauty*) in einer Produktionsfirma, in Zusammenarbeit mit USA Films, zusammenschließen wollen. (Vgl. *www.variety.com, Fleming*) An Künstlern wie ihnen liegt es, wie weit die Verschmelzung von Kunst und Kommerz voranschreiten kann.

Abbildung 39
Ein neues New Hollywood?

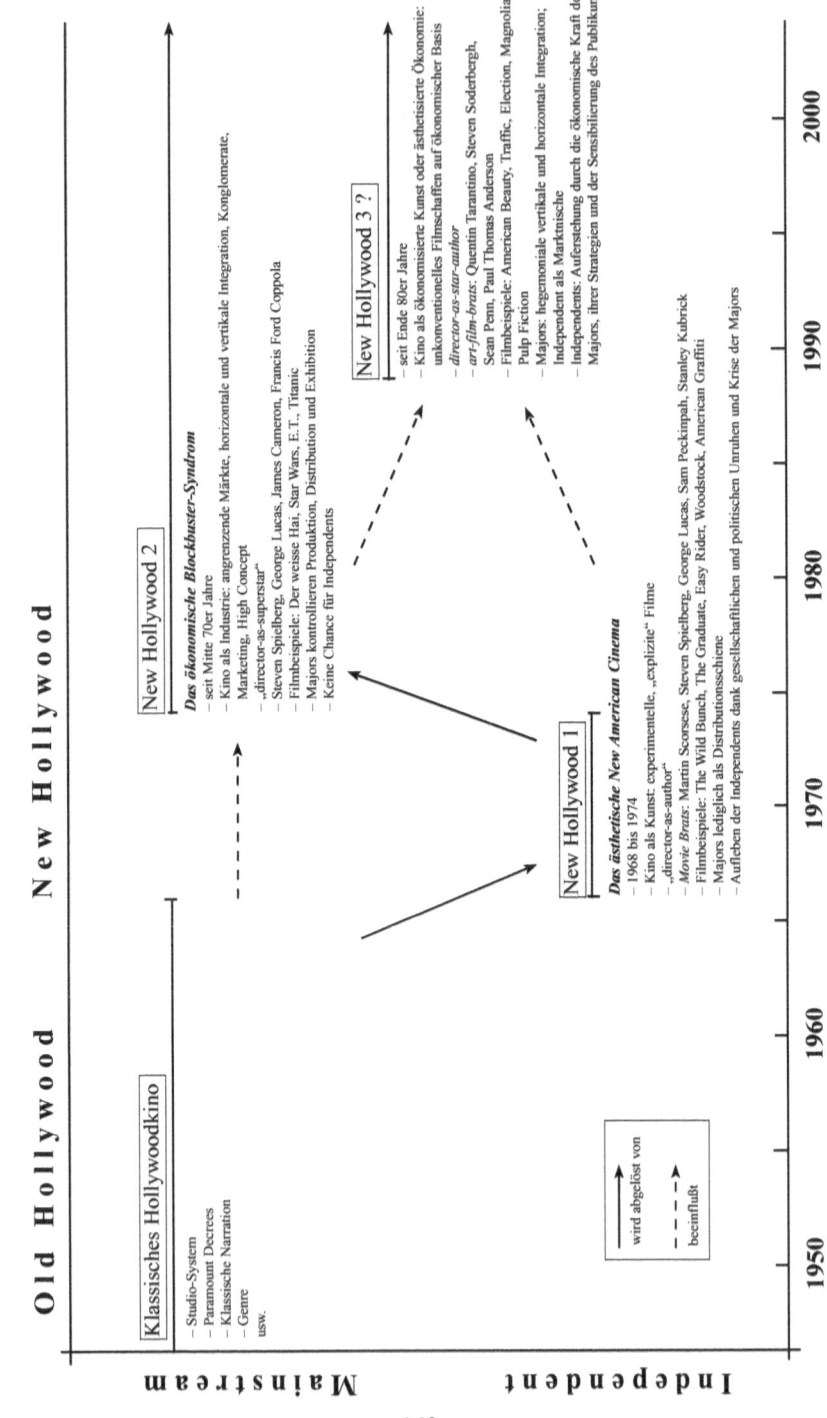

C Schluß

Im Kinosaal wird es dunkel. Der Film beginnt. Ein Mann hält ein Polaroidphoto in der Hand. Darauf abgebildet ist ein toter Mann. Die Kamera weilt auf dem Polaroid, das zusehends verbleicht. Nach ca. zwei Minuten ist nichts mehr auf dem Bild zu sehen; der Titel des Films erscheint: *Memento*.

Die ersten zwei Filmminuten waren Programm: Der Film wird nicht chronologisch von vorne nach hinten erzählt, sondern umgekehrt. Wir begleiten Leonard (Guy Pearce), der an Kurzzeitgedächtnisschwund leidet, auf der Suche nach dem Mörder seiner Frau. Da er sich nichts merken kann, muß er seine Erinnerungen auf Polaroids und Tatoos festhalten. Am Ende des Films, also am Anfang der Geschichte, wartet nicht die Lösung, sondern ein weiteres Verwirrspiel um Leonard und den angeblichen Mord an seiner Frau.

Memento ist der Film des Jahres 2001. Es gelingt Regisseur Christopher Nolan auf faszinierende Art und Weise, die lückenhafte Erinnerung des Protagonisten auch dem Kinobesucher erfahrbar zu machen. Solche Filme braucht Hollywood, um die verpönte *High Concept*-Spirale verlassen zu können. Doch Steven Soderberghs Klage (siehe Kapitel 5) muß hier in Erinnerung gerufen werden: „Kein Verleiher wollte [*Memento*] herausbringen. Das war für mich ein Signal, daß es die Bewegung [des Independent Films] nicht gibt."

Produziert wurde *Memento* für lediglich fünf Millionen Dollar und fand anfänglich keinen Verleih, bis ihn die eher unbekannte Distributionsfirma Newmarket kaufte und am 16. März 2001 auf elf Leinwänden in den Kinos startete. *Memento* kam schließlich doch noch auf 531 Leinwände und in den USA auf ein erfreuliches Einspielergebnis von 25.5 Millionen Dollar, 33.2 Millionen weltweit.

Auch wenn es ernüchternd ist, daß der Film lange keinen Verleih fand, zeigte jedoch der anschließende Erfolg, daß das Publikum solche Filme will. Ist der Independent Film also schon so weit, daß ein Aufstieg ausgerufen werden könnte? Trägt die angebrochene Verschmelzung von Independent und Mainstream bereits Früchte?

„Niemand weiß Bescheid", ist das Credo in Hollywood. Wieso findet *Memento* keinen Verleih? Wieso kommt *Crouching Tiger, Hidden Dragon* bei den Amerikanern so gut an? Wieso wird *Titanic* zum erfolgreichsten Film aller Zeiten? Und wieso hat *Pearl Harbour* Mühe, zum großen Hit zu werden? Wieso wird *Traffic* so bejubelt? Wieso findet *Election* keine Beachtung? Wieso wird *The Truman Show* für keinen Oscar nominiert? Wieso wird *The Blair Witch Project* zum erfolgreichsten *low-budget*-Film? Und wieso gewinnt Roberto Benigni einen Oscar als Bester Schauspieler?

„Niemand weiß Bescheid". Es kann jedoch Bilanz gezogen werden: Independent Film und die unabhängigen Distributionsfirmen sind erfolgreich unterwegs, auch wenn Erfolg auch hier nicht prognostiziert werden kann. Fakt ist, daß sich in den 90er Jahren für unkonventionelles Material eine ökonomische Grundlage gebildet und beim Publikum eine Sensibilisierung stattgefunden hat. Die in der Arbeit besprochenen Independents wie New Line Cinema, Miramax, Sony Pictures Classics, Fine Line Features, USA Films, Lions Gate oder Paramount Classics sind keine vereinzelten Lichtpunkte auf dem Radar Hollywoods. Sie haben sich im Laufe der 90er Jahre gefestigt und sind erfolgreich, auch indem sie major-typische Distributions- und Produktionsweisen angenommen haben, wie etwa den Einstieg in Produktion von Filmen, der Praxis des *saturation booking* oder Kinostarts über das ganze Jahr hinweg verteilen. Viele Indies integrieren sich nicht nur vertikal, sondern auch horizontal, um zum einen die angrenzenden Märkte zu nutzen und zum anderen ihr Portfolio zu erweitern. Auf der anderen Seiten schweben die Majors immer noch in Blockbuster-Höhen, versuchen jedoch mittels Finanzierungsmodellen vom Indie-Sektor erfolgreicher und risikoärmer zu agieren. Zudem haben die Majors (und deren Konglomerate) den Independent Film als Marktnische erkannt und versuchen mit der Akquisition von Indies oder Gründung von eigenen *Classic*-Labels, in diesem Markt präsent zu sein.

Es kann zusammengefaßt werden, daß eine Verschmelzung stattfindet, auch wenn die Annäherung von den Indies an den Mainstream stärker erkennbar ist als eine Annäherung des Mainstreams an den Independent Film. Hollywood fährt mit *High Concept*, das gestützt wird von Konglomeraten, eine erfolgreiche Schiene; es hat aber das Potential von unkonventionellem Material erkannt und läßt dies immer wieder in ihre Produktionsweise einfließen. Daß *Memento* zunächst Schwierigkeiten hatte, einen Verleih zu finden, kann als Signal dafür erkannt werden, daß eine Bewegung des Independent Films nicht existiert; die optimistischere Ansicht wäre: Der Aufstieg der Indies, und auch die Verschmelzung, ist noch nicht ganz vollzogen, so daß Filmjuwelen wie *Memento* eben noch unbeachtet sein können. Daß der Film in der Ehrenrunde schließlich doch noch zum Erfolg kam, stimmt um so optimistischer.

Es bleibt die Frage: Ein neues New Hollywood? Es bleibt die Einsicht/Antwort: Niemand weiß Bescheid. Aber auch hier ist zu erkennen, daß sich etwas in Bewegung gesetzt hat. Der Independent Film ist aufgestanden und geht vielfach den Weg der Majors mit. Die Verschmelzung von Kunst und Kommerz widerspiegelt sich in Filmen wie *American Beauty* oder *Traffic*. Wenn die Indies diesen eingeschlagenen Weg weitergehen, kann sich durchaus ein neues New Hollywood, eine Mischung von *High Concept* und Independent Film, in Hollywood etablieren und sich als neue, erfolgreiche und ästhetisch anspruchsvolle und befriedigende Formel durchsetzen.

„Niemand weiß Bescheid." Und mit jedem Film muß abgewartet werden, wie ihn die Kinobesucher aufnehmen und wie er sich entwickelt. Vielleicht wird es im Kinosaal unruhig wie bei *Traffic,* vielleicht geht der Film nach nur einer Woche unter, vielleicht trifft seine Thematik den Geist und die Herzen der Zeit und löst einen Hype in Kinos und Medien aus.

Im Kinosaal wird es dunkel ...

D Anhang

A – US-Box Office, 1993-2001

Gesamteinspielergebnisse inkludieren Einnahmen von Filmen, die im Jahr zuvor gestartet sind.

Jahr		Studio	US-B.O. in $ Millionen Dollar
1993	1.	Warner Bros.	928.5
	2.	Sony	879.3
	3.	Buena Vista	821.2
	4.	Universal	690.5
	5.	Fox	538.6
	6.	Paramount	459.8
	7.	New Line Cinema	170.8
	8.	Miramax	148.4
	9.	MGM	91.3
	10.	Samuel Goldwyn Co.	37.9
	11.	Gramercy	32.5
	12.	Orion	23.3
	13.	Sony Pictures Classics	9.3
	14.	Fine Line Features	8.5
	15.	October	5.5
	16.	Orion Classics	1.8
	Total		5,150.0
1994	1.	Buena Vista	1,015.7
	2.	Warner Bros.	846.5
	3.	Paramount	732.1
	4.	Universal	657.3
	5.	Fox	495.8
	6.	Sony	485.8
	7.	New Line Cinema	324.1
	8.	Miramax	199.2

	9.	MGM/UA	144.4
	10.	Gramercy	96.3
	11.	Fine Line Features	26.6
	12.	Samuel Goldwyn Co.	25.9
	13.	Orion	18.0
	14.	Sony Pictures Classics	12.5
	15.	October	7.5
	16.	Orion Classics	0.4
	Total		5,400.0
1995	1.	Buena Vista	1,014.4
	2.	Warner Bros.	872.8
	3.	Universal	670.4
	4.	Sony	638.1
	5.	Paramount	535.1
	6.	Fox	409.0
	7.	New Line Cinema	355.1
	8.	MGM/UA	333.2
	9.	Miramax	189.8
	10.	Gramercy	59.5
	11.	Samuel Goldwyn Co.	21.9
	12.	Sony Pictures Classics	21.9
	13.	Fine Line Features	16.2
	14.	Fox Searchlight	10.4
	15.	Orion Classics	4.2
	16.	October	2.4
	Total		5,490.0
1996	1.	Buena Vista	1,202.0
	2.	Warner Bros.	902.0
	3.	Paramount	725.5
	4.	Fox	718.2
	5.	Sony	598.0
	6.	Universal	485.0
	7.	MGM/UA	296.4
	8.	New Line Cinema	285.5
	9.	Miramax	250.3
	10.	Gramercy	84.4
	11.	Orion	48.4

	12.	Sony Pictures Classics	43.4	
	13.	Fox Searchlight	20.5	
	14.	Samuel Goldwyn Co.	18.2	
	15.	October	10.5	
	16.	Fine Line Features	10.3	
	17.	Orion Classics	0.5	
	Total		5,910.0	
1997	1.	Sony	1,271.1	
	2.	Buena Vista	890.7	
	3.	Paramount	734.9	
	4.	Warner Bros.	680.3	
	5.	Fox	651.3	
	6.	Universal	613.3	
	7.	Miramax	421.0	
	8.	New Line Cinema	389.6	
	9.	MGM	158.5	
	10.	Dreamworks	89.4	
	11.	Gramercy	76.0	
	12.	Fox Searchlight	49.4	
	13.	Polygram	48.3	
	14.	Fine Line Features	42.3	
	15.	Sony Pictures Classics	26.1	
	16.	Orion	20.2	
	17.	October	19.9	
	18.	Orion Classics	0.8	
	19.	Goldwyn	0.3	
	Total		6,370.0	
1998	1.	Buena Vista	1,109.0	
	2.	Paramount	1,046.0	
	3.	Warner Bros.	756.7	
	4.	Sony	747.7	
	5.	Fox	721.8	
	6.	New Line Cinema	537.5	
	7.	Dreamworks	467.2	
	8.	Miramax	393.1	
	9.	Universal	392.1	
	10.	MGM	182.2	

	11.	Polygram	110.2
	12.	Gramercy	42.9
	13.	Sony Pictures Classics	35.4
	14.	October	33.7
	15.	Fox Searchlight	30.1
	16.	Artisan	24.4
	17.	Lions Gate	18.5
	18.	Fine Line Features	14.6
	19.	Goldwyn	1.5
	Total		6,950.0
1999	1.	Buena Vista	1,240.7
	2.	Warner Bros.	1,041.8
	3.	Universal	932.7
	4.	Paramount	847.8
	5.	Fox	793.6
	6.	Sony	607.1
	7.	Dreamworks	324.0
	8.	Miramax	318.7
	9.	New Line Cinema	301.8
	10.	MGM	295.8
	11.	Artisan	193.4
	12.	USA Films	79.9
	13.	Lions Gate	57.0
	14.	Fox Searchlight	37.3
	15.	Sony Pictures Classics	33.4
	16.	Screen Gems	26.4
	17.	G2	14.4
	18.	Fine Line Features	7.5
	19.	Paramount Classics	1.9
	20.	Samuel Goldwyn Co.	1.2
	Total		7,450.0
2000	1.	Buena Vista	1,097.0
	2.	Universal	1,086.2
	3.	Warner Bros.	891.7
	4.	Paramount	785.8
	5.	Dreamworks	769.6
	6.	Fox	729.1

	7.	Sony	666.8
	8.	Miramax	476.4
	9.	New Line Cinema	374.1
	10.	MGM	104.0
	11.	USA Films	89.7
	12.	Artisan	73.0
	13.	Sony Pictures Classics	54.2
	14.	Lions Gate	31.7
	15.	Fine Line Features	20.2
	16.	Fox Searchlight	19.3
	17.	U Focus	17.2
	18.	Paramount Classics	16.3
	19.	Screen Gems	7.9
	20.	UA	0.5
	21.	Samuel Goldwyn Co.	0.1
	Total		7,660.0
2001 (bis Juli)	1.	Paramount	496.3
	2.	Warner Bros.	469.5
	3.	Buena Vista	436.5
	4.	Sony	395.3
	5.	Universal	375.9
	6.	Dreamworks	345.9
	7.	Fox	325.4
	8.	Miramax	316.3
	9.	MGM	248.8
	10.	New Line Cinema	145.3
	11.	USA Films	132.9
	12.	Sony Pictures Classics	132.2

Quellen: Variety, www.boxofficeguru.com, www.entdata.com (ACNielsen EDI), www.hollywoodreporter.com, www.variety.com, MPAA US Economic Review.

B – Produktionsweise

G = 'Ganz'-Produktionen, d. h. selbst finanzierte Filme; Co = Co-Produktionen; C2 = Co-Produktion mit anderem Studio; Ac = Akquirierte Filme.

	1991				1992				1993				1994				1995				1996				1997				1998			
	G	Co	C2	Ac	G	Co	C2	Ac	G	Co	C2	Ac	G	Co	C2	Ac	G	Co	C2	Ac	G	Co	C2	Ac	G	Co	C2	Ac	G	Co	C2	Ac
Buena Vista	6	12	0	1	4	14	0	3	4	18	1	4	4	18	0	7	5	24	0	3	2	22	1	5	2	19	0	2	1	19	0	1
Dreamworks																									0	3	0	0	3	3	2	0
Fox	2	7	0	7	0	12	0	9	6	3	0	7	1	8	0	4	3	4	0	4	1	10	0	2	2	8	0	6	3	8	0	2
MGM	2	5	0	5	1	3	0	2	2	6	0	3	1	4	0	3	3	9	0	3	2	8	0	4	0	4	0	4	1	4	0	5
Paramount	7	7	0	3	3	6	0	7	2	6	0	7	2	7	0	7	3	7	1	3	1	9	0	8	0	5	1	13	0	5	1	6
Sony	0	6	0	16	2	6	0	16	4	10	0	15	2	9	0	15	1	9	0	18	1	7	0	20	1	2	1	20	0	6	0	24
Universal	2	3	0	12	2	7	0	9	0	5	0	13	0	3	0	12	1	6	0	17	1	4	0	8	0	5	0	7	0	11	0	4
Warner	2	8	0	11	1	8	0	14	1	9	0	19	0	5	0	27	1	2	0	19	1	6	1	14	1	8	0	16	1	13	0	11
Miramax	0	4	0	22	1	1	0	12	0	1	0	16	0	2	0	18	2	4	0	23	0	7	0	24	0	6	0	15	1	4	0	17
Dimension					0	0	0	1	0	0	0	3	0	1	0	1	0	0	0	3	0	2	0	2	1	1	0	0	2	2	0	6
New Line	3	3	0	12	0	3	0	7	3	5	0	4	3	5	0	5	3	3	0	6	0	6	0	9	0	8	0	5	0	5	0	7
Fine Line	0	1	0	4	0	3	0	9	0	2	0	9	0	1	0	10	0	1	0	9	0	1	0	7	0	2	0	9	0	1	0	6
Gramercy									0	0	0	6	0	0	0	12	0	0	0	14	0	0	0	14	0	0	0	10	0	0	0	10
Artisan																									0	2	0	7				
Lions Gate																									0	1	0	12				

October	0	0	0	1	0	0	3	0	0	0	6	0	0	0	7	0	1	0	7	0	1	0	8	0	0	0	8	0	0	0	10
Fox Searchlight															0	0	0	0	1	0	1	0	4	0	6	0	3	0	4
Sony P. Classics			0	0	0	4	0	0	8	0	0	8	0	0	15	1	0	0	12	0	0	12	0	1	0	13

Quellen: The Motion Picture Guide; Screen World; Variety International Film Guide.

C – Jahresverhalten / Year behavior

Zur Untersuchung siehe S. 100ff und 136ff. F=Frühling, S=Sommer, H=Herbst, W=Winter.

BV=Buena Vista, SKG=Dreamworks SGK, Par=Paramount, U=Universal, WB=Warner Bros., Mir.=Miramax, Dim.=Dimension Films, NLC=New Line Cinema, FineL.=Fine Line Features, Gram.=Gramercy, USA=USA Films, Artis.=Artisan, Lions=Lions Gate, Oct.=October, FoxS.=Fox Searchlight, ParCl.=Paramount Classics, ScrGe=Screen Gems, SPC=Sony Pictures Classics, UFoc.=Universal Focus, UA=United Artists.

	1991				1992				1993				1994				1995				1996				1997				1998				1999				2000			
	F	S	H	W	F	S	H	W	F	S	H	W	F	S	H	W	F	S	H	W	F	S	H	W	F	S	H	W	F	S	H	W	F	S	H	W	F	S	H	W
BV	7	5	6	1	7	5	7	2	2	9[10]	7	2	12	5	9	3	14	6	8	4	4	7	4	5	8	6	6	4	6	5	5	5	5	6	5	5	6	5	4	4
SKG																										0	1	2	1	2	1	1	1	2	1	1	2	4	3	1
Fox	3	7	3	3	6	5	6	4	5	5	4	2	4	4	5	4	5	5	1	4	5	3	2	3	6	3	4	3	4	7	7	1	5	3	4	5	3	5	5	1
MGM	1	3	5	2	3	1	2	0	4	1	4	2	3	2	3	1	4	2	5	2	7	4	3	0	4	0	3	1	7	2	0	1	3	1	3	3	1	0	0	0
Par	5	4	6	2	5	5	5	1	3	4	3	3	5	5	5	3	4	5	3	2	4	4	5	4	6	4	3	3	6	2	2	3	3	3	4	3	3	4	3	2
Sony	5	9	3	5	5	9	8	2	7	7	12	2	8	8	4	4	4	8	6	6	4	4	9	5	11	5	7	1	4	7	17	2	8	4	4	6	4	5	3	3
U	7	5	3	2	4	5	5	3	2	5	4	4	4	4	2	2	5	4	5	4	5	3	4	1	2	2	3	2	3	3	3	3	6	4	4	6	2	3	2	2
WB	8	3	5	4	6	6	8	3	7	5	7	7	10	5	14	3	7	5	9	3	5	5	13	2	8	8	7	2	10	5	7	3	7	4	7	3	5	5	8	2
Mir.									7	3	4	2	3	6	6	5	8	9	7	6	11	7	6	6	6	8	3	3	6	3	8	6	8	4	10	4	5	4	5	6
Dim.									1	0	1	0	2	0	0	0	1	0	2	0	0	0	1	0	0	0	1	1	4	4	0	2	2	0	2	2	1	1	0	1
NLC									5	2	3	1	6	3	1	3	6	0	6	0	5	2	5	2	5	2	4	2	7	1	5	0	2	3	4	1	0	0	6	2
FineL.									6	1	3	1	4	3	2	2	1	1	0	1	1	0	6	1	4	3	2	3	1	2	2	2	2	3	2	2	1	1	1	2
Gram.									1	0	4	1	5	2	4	0	7	0	5	2	2	7	0	5	2	5	1	3	3	2	3	2								

USA																									5	2	7	3	8	5	2	1
Artis.														2	3	2	2	3	3	2	2	3	4	1		5	6	3	0	2	2	4	0
Lions														3	3	2	2	3	3	2	2	4	3			5	1	2	3	5	7	3
Oct.	0	0	1	0	1	1	1	0	3	3	0	3	2	1	1	2	4	1	3	1	3	2	2	5	1								
FoxS.																	1	0	0	0	1	1	1	1	1	3	0	4	1	2	0	3	1
ParCl.													1	0	2	3	1	2	3	1	1	3	3	1		1		3	1	2	3	1	1
ScrGe																	0	1	1	0	1	1	2	0			0	2	0	2	0	1	1
SPC													1	0	2	1	2	3	2	2	6	5	3	5	3	4	4	3	2	6	1	2	6
UFoc.																								2				3	1	0	0	2	0
UA																													1	0	0	2	1

Quellen: www.boxofficeguru.com; www.hollywoodreporter.com; www.imdb.com; www.variety.com; Variety; Screen World.

D – Screen behavior

Zur Untersuchung siehe S. 96ff und 130ff.
Quellen: www.imdb.com; www.boxofficeguru.com.

Buena Vista

	1991	1992	1993	1994	1995	1996	1997	1998	1999	2000
0-500		2	1	1	3	3	3	1	3	2
500-1000	3	4	4	5	1	1	1	2	1	2
1000-1500	10	3	10	7	2	3	4	1	1	2
1500-2000	6	6	9	9	10	9	8	6	5	1
2000-2500		5	3	4	8	10	4	4	6	2
2500-3000				1	3	3	4	6	3	7
3000-3500								1	2	3
3500+										
Wide release	16	15	20	20	22	24	20	16	16	14
Platform release	3	3	5	5	4	1	3	4	3	2

Dreamworks SKG

	1991	1992	1993	1994	1995	1996	1997	1998	1999	2000
0-500										1
500-1000									1	1
1000-1500							1			
1500-2000								1	2	1
2000-2500							2		2	2
2500-3000								3	1	3
3000-3500								1		2
3500+										
Wide release							2	5	5	8
Platform release							1		1	1

Fox

	1991	1992	1993	1994	1995	1996	1997	1998	1999	2000
0-500	2	1				1				2
500-1000	2	1	1	1			1			
1000-1500	4	6	5	4	3	2	2	1	4	
1500-2000	7	7	5	5	6	4	2	4	4	2
2000-2500		2	3	2	1	4	7	4	5	3
2500-3000				1	1	2	3	4	1	4
3000-3500									1	3
3500+										
Wide release	10	15	14	12	10	12	14	10	15	12
Platform release	5	2		1		1	1	3		

MGM

	1991	1992	1993	1994	1995	1996	1997	1998	1999	2000
0-500	1						2	5	5	1
500-1000	2	3	1		1	1				1
1000-1500	5		3	2	5	2				
1500-2000			2	2	5	5	1	2	1	
2000-2500			1	1	2	4	3	1	3	3
2500-3000							2	1	1	
3000-3500								1	1	
3500+										
Wide release	6	3		5	12	12	6	5	6	3
Platform release	1	2			2	1		2		

Paramount

	1991	1992	1993	1994	1995	1996	1997	1998	1999	2000
0-500	3	2	1		1	1	2	1		
500-1000	3	3	1	1	1	2	3	1	3	1
1000-1500	6	4	3	5	1	1	2	1	1	1
1500-2000	2	5	2	2	5	4	2	2	1	3
2000-2500	3	1	3	4	5	8	7	3	5	4
2500-3000		1	1	2	1	1	2	4	2	2
3000-3500						1	1	1	3	1
3500+										
Wide release	13	12	10	13	13	17	16	11	13	12
Platform release	1	2	1	1		1	1	1	2	

Sony

	1991	1992	1993	1994	1995	1996	1997	1998	1999	2000
0-500			2	2	2	2	2	10	3	3
500-1000	3	3	3	2	2	1			2	
1000-1500	8	6	9	6	6	10	5	3	3	
1500-2000	4	7	9	10	4	6	3	9	9	1
2000-2500	5	3	2	5	7	8	7	6	4	6
2500-3000					2	2	6	1	2	6
3000-3500							1	1	2	2
3500+										
Wide release	17	17	22	19	20	23	22	24	20	14
Platform release	2	2	4	6	4	5		3	2	1

Universal

	1991	1992	1993	1994	1995	1996	1997	1998	1999	2000
0-500		2								1
500-1000	2	3	2	1	1		1		2	
1000-1500	5	3	6	2	4	4		1	2	
1500-2000	8	9	8	9	10	9	6	5	5	4
2000-2500	1	1	1	2	2		2	6	9	3
2500-3000			1	1	1		2	3	1	4
3000-3500							1			
3500+										
Wide release	14	15	16	14	17	13	11	15	16	13
Platform release	2	2	2	1	1		1		2	

Warner

	1991	1992	1993	1994	1995	1996	1997	1998	1999	2000
0-500	1	2	1	3		2	2	3	1	3
500-1000	4	1	6			2	1		1	
1000-1500	4	6	4	4	4	3	5	2	1	1
1500-2000	6	8	9	6	7	5	3	1	1	2
2000-2500	1	2	5	5	6	5	9	8	5	4
2500-3000		2		3	2	3	3	6	10	9
3000-3500	1							2	2	2
3500+										
Wide release	15	19	21	18	18	17	21	19	20	17
Platform release	1	2	4	2	1	2		3	1	4

Sony Pictures Classics

	1991	1992	1993	1994	1995	1996	1997	1998	1999	2000
0-500		2	2	1	4	6	12	11	12	18
500-1000										
1000-1500										
1500-2000										
2000-2500										1
2500-3000										
3000-3500										
3500+										
Wide release										
Platform release		2	2	1	3	2	4	8	9	18

Fox Searchlight

	1995	1996	1997	1998	1999	2000
0-500	1	3	9	5	6	5
500-1000			1	2		
1000-1500		1			1	1
1500-2000						
2000-2500						
2500-3000						
3000-3500						
3500+						
Wide release		1			1	1
Platform release	1	3	5	4	3	2

Paramount Classics

	1999	2000
0-500	6	7
500-1000		
1000-1500		
1500-2000		
2000-2500		
2500-3000		
3000-3500		
3500+		
Wide release	1	
Platform release	1	7

Screen Gems

	1999	2000
0-500	1	2
500-1000		
1000-1500		2
1500-2000	1	
2000-2500		
2500-3000		
3000-3500		
3500+		
Wide release	1	1
Platform release	1	3

New Line Cinema

	1991	1992	1993	1994	1995	1996	1997	1998	1999	2000
0-500	3	2	1	1	2		1	2	1	1
500-1000	3	2	3	4	1	2	2	3	1	2
1000-1500	1	2	4	3	3	3	3	2	2	3
1500-2000				2	2	5	1	2	2	1
2000-2500			2			3	5	1	1	4
2500-3000	1			2	2	1	1	2	2	3
3000-3500								1	1	
3500+										
Wide release	6	4	8	10	8	14	10	8	7	12
Platform release	3	1	2	1	1		2	3	1	2

Fine Line Features

	1991	1992	1993	1994	1995	1996	1997	1998	1999	2000
0-500		1	2	3		4	8	6	8	5
500-1000				2		1				1
1000-1500										
1500-2000										
2000-2500										
2500-3000										
3000-3500										
3500+										
Wide release										
Platform release		1	2	4			4	2	4	6

179

Miramax

	1991	1992	1993	1994	1995	1996	1997	1998	1999	2000
0-500	4	2	2	6	7	11	12	15	20	12
500-1000	2	1	2	1	2	4	3	1	1	
1000-1500		1		1	1	5		1	2	1
1500-2000							2	1	1	4
2000-2500				1		1	2	2		2
2500-3000						1			1	
3000-3500										
3500+										
Wide release		1		3	2	6	3	2	3	6
Platform release	4	3	3	5	8	12	9	12	11	9

Dimension

	1991	1992	1993	1994	1995	1996	1997	1998	1999	2000
0-500								3	1	
500-1000		1	1	1				1	1	
1000-1500			1		3	1			1	
1500-2000						1		3	1	
2000-2500						1	1	1		2
2500-3000							1	1		
3000-3500										2
3500+										
Wide release		1	2	1	3	3	2	5	3	4
Platform release										

Gramercy / USA Films

	1993	1994	1995	1996	1997	1998	1999	2000
0-500	2	3	2	7	2	7	13	11
500-1000	1	2	6	3	3	1	3	1
1000-1500		2	1	1		1	1	3
1500-2000								
2000-2500					1			
2500-3000								
3000-3500								
3500+								
Wide release	1	3	5	1	3	1	2	2
Platform release	1	3	3	5	1	4	8	7

(Columns 1993–1998: Gramercy; Columns 1999–2000: USA Films)

Artisan

	1998	1999	2000
0-500	4	11	4
500-1000	1	1	
1000-1500	1		1
1500-2000			2
2000-2500		1	
2500-3000		1	
3000-3500			1
3500+			
Wide release	1	2	4
Platform release	3	6	4

Lions Gate

	1998	1999	2000
0-500	12	10	16
500-1000			1
1000-1500		1	1
1500-2000			
2000-2500			
2500-3000			
3000-3500			
3500+			
Wide release		1	1
Platform release	2	2	12

E – Top-3 der Majors

Top-3-Filme der Majors und US-Starttermine. Termine kursiv: Datum außerhalb der Blockbuster-Zeiten der Majors (16. Mai – 15. August und 16. November – 31. Dezember).
Par = Paramount, U = Universal, BV = Buena Vista, WB = Warner Bros., SKG = Dreamworks SKG.

Jahr	Studio	Film	US-Box-Office in $ Mio. Dollar	Kinostart
1991	Par	The Addams Family	113.5	22. 11.
		The Naked Gun II-1/2	86.9	28. 6.
		Star Trek VI	74.9	6. 12.
	U	Fried Green Tomatoes	80.1	27. 12.
		Cape Fear	79.1	*15. 11.*
		Backdraft	77.9	24. 5.
	BV	Beauty and the Beast	145.9	*13. 11.*
		Father of the Bride	89.3	20. 12.
		What about Bob?	63.7	17. 5.
	MGM	Thelma and Louise	45.4	24. 5.
		Not Without My Daughter	14.8	*11. 1.*
		Shattered	11.5	*11. 10.*
	WB	Robin Hood: Prince of Thieves	167.0	14. 6.
		JFK	70.4	20. 12.
		Last Boy Scout	59.5	13. 12.
	Sony	Terminator 2: Judgment Day	204.8	3. 7.
		City Slickers	124.0	7. 6.
		Hook	119.7	11. 12.
	Fox	Sleeping With the Enemy	101.6	*8. 2.*
		Hot Shots!	69.5	31. 7.
		Point Break	43.2	12. 7.
1992	Par	Wayne's World	121.7	*14. 2.*
		Patriot Games	83.3	5. 6.
		Boomerang	70.1	1. 7.
	U	Scent of a Woman	63.9	23. 12.
		Far and Away	58.9	22. 5.
		Housesitter	58.5	12. 6.
	BV	Aladdin	217.4	*11. 11.*

		Sister Act	139.6	29. 5.
		The Hand that Rocks the Cradle	88.0	*10. 1.*
	MGM	The Cutting Edge	25.1	*27. 3.*
		Once Upon a Crime (Criminals)	8.7	*6. 3.*
		Of Mice and Men	5.1	*2. 10.*
	WB	Batman Returns	162.8	19. 6.
		The Bodyguard	121.9	25. 11.
		Unforgiven	101.2	7. 8.
	Sony	A Few Good Men	141.3	11. 12.
		Basic Instinct	117.7	*20. 3.*
		A League of Their Own	107.5	1. 7.
	Fox	Home Alone 2: Lost in NY	173.6	20. 11.
		White Men Can't Jump	76.3	*27. 3.*
		The Last of the Mohicans	72.5	*25. 9.*
1993	Par	The Firm	158.3	30. 6.
		Indecent Proposal	106.6	*7. 4.*
		Wayne's World 2	47.9	10. 12.
	U	Jurassic Park	355.7	11. 6.
		Schindler's List	96.1	10. 12.
		Beethoven's 2nd	53.4	17. 12.
	BV	Cool Runnings	67.1	*1. 10.*
		Sister Act 2: Bark in the Habit	57.3	10. 12.
		Tombstone	56.5	24. 12.
	MGM	Body of Evidence	13.3	*15. 1.*
		Benny and Joon	23.2	*16. 4.*
		Untamed Heart	18.9	*12. 2.*
	WB	The Fugitive	183.8	6. 8.
		The Pelican Brief	84.8	17. 12.
		Free Willy	77.7	16. 7.
	Sony	Sleepless in Seattle	126.5	25. 6.
		In the Line of Fire	102.3	9. 7.
		Cliffhanger	84.0	28. 5.
	Fox	Mrs. Doubtfire	107.4	24. 11.
		Rising Sun	62.5	30. 7.
		Rookie of the Year	53.1	7. 7.
1994	Par	Forrest Gump	329.7	6. 7.
		Clear and Present Danger	121.7	3. 8.

		Star Trek: Generations	75.7	*11. 11.*
	U	The Flintstones	130.5	27. 5.
		The Little Rascals	51.8	5. 8.
		The River Wild	46.8	*30. 9.*
	BV	The Lion King	312.8	15. 6.
		The Santa Clause	144.8	11. 12.
		Angels in the Outfield	50.2	15. 7.
	MGM	Stargate	71.6	*28. 10.*
		Blown Away	30.2	1. 7.
		Speechless	20.6	16. 12.
	WB	Interview with a Vampire	105.3	*11. 11.*
		Maverick	101.6	24. 6.
		The Client	92.1	20. 7.
	Sony	Philadelphia	76.9	*11. 1.*
		Legends of the Fall	66.5	25. 12.
		Wolf	65.0	17. 6.
	Fox	True Lies	146.3	15. 7.
		Speed	121.2	10. 6.
		Nell	33.6	14. 12.
1995	Par	Congo	81.0	9. 6.
		Braveheart	75.6	26. 5.
		Clueless	56.4	19. 7.
	U	Apollo 13	172.1	30. 6.
		Casper	100.3	26. 5.
		Waterworld	88.2	28. 7.
	BV	Toy Story	191.9	22. 11.
		Pocahontas	141.5	16. 6.
		Crimson Tide	91.4	*12. 5.*
	MGM	Goldeneye	106.4	17. 11.
		Get Shorty	72.1	*20. 10.*
		Species	60.1	7. 7.
	WB	Batman Forever	184.0	16. 6.
		Ace Ventura 2	108.4	*10. 11.*
		Bridges of Madison County	71.5	2. 6.
	Sony	Jumanji	100.5	15. 12.
		Bad Boys	65.8	*7. 4.*
		The American President	60.0	17. 11.
	Fox	Die Hard With a Vengeance	100.0	19. 5.

		Nine Month	69.7	14. 7.
		Waiting to Exhale	67.1	22. 12.
1996	Par	Mission: Impossible	181.0	22. 5.
		The First Wives Club	105.4	*20. 9.*
		Star Trek: First Contact	92.0	22. 11.
	U	The Nutty Professor	128.8	28. 6.
		Dragonheart	51.4	31. 5.
		Happy Gilmore	38.6	*16. 2.*
	BV	Ransom	136.5	8. 12.
		101 Dalmatians	136.2	27. 11.
		The Rock	134.1	7. 6.
	MGM	Kingpin	25.0	26. 7.
		Fled	17.2	19. 7.
		Bio-Dome	13.4	*12. 1.*
	WB	Twister	241.7	*10. 5.*
		A Time to Kill	108.8	24. 7.
		Eraser	101.3	21. 6.
	Sony	Jerry Maguire	154.0	13. 12.
		The Cable Guy	60.2	14. 6.
		The Juror	44.8	2. 2.
	Fox	Independence Day	306.2	3. 7.
		Broken Arrow	70.8	9. 2.
		Jingle All the Way	60.6	22. 11.
1997	Par	Titanic	600.8	19. 12.
		Face/Off	112.3	27. 6.
		In & Out	63.1	*19. 9.*
	U	Lost World: Jurassic Park	229.1	23. 5.
		Liar, Liar	181.4	*21. 3.*
		Dante's Peak	67.2	*7. 2.*
	BV	George of the Jungle	105.2	16. 7.
		Con Air	101.1	6. 6.
		Hercules	99.1	27. 6.
	MGM	Tomorrow Never Dies	125.3	19. 12.
		Hoodlum	23.5	*29. 8.*
		Red Corner	22.2	*31. 10.*
	WB	Batman & Robin	107.3	20. 6.
		Contact	100.9	11. 7.

	Sony	Conspiracy Theory	76.1	8. 8.
		Men in Black	250.0	2. 7.
		Air Force One	172.8	25. 7.
		As Good as it Gets	148.5	25. 12.
	Fox	Star Wars: Special Edition	138.2	*31. 1.*
		Empire Strikes Back: Sp. Ed.	67.6	*21. 2.*
		Anastasia	58.4	21. 11.
	SKG	Mouse Hunt	61.9	19. 12.
		Amistad	44.2	12. 12.
		The Peacemaker	41.3	*26. 9.*
1998	Par	Deep Impact	140.5	*8. 5.*
		The Truman Show	125.6	5. 6.
		The Rugrats Movie	103.3	20. 11.
	U	Patch Adams	135.0	25. 12.
		Meet Joe Black	44.7	*13. 11.*
		Primary Colors	39.3	*20. 3.*
	BV	Armageddon	201.6	1. 7.
		A Bug's Life	162.8	25. 11.
		The Waterboy	161.5	*6. 11.*
	MGM	The Man in the Iron Mask	57.0	*13. 3.*
		Ronin	41.6	*25. 9.*
		Species II	19.2	*10. 4.*
	WB	Lethal Weapon 4	130.4	10. 7.
		You've Got Mail	115.8	18. 12.
		City of Angels	78.9	*10. 4.*
	Sony	Godzilla	136.3	20. 5.
		The Mask of Zorro	93.7	17. 7.
		Stepmom	55.7	25. 12.
	Fox	There's Something About Mary	176.5	15. 7.
		Dr. Dolittle	144.2	26. 6.
		The X-Files	83.9	19. 6.
	SKG	Saving Private Ryan	216.3	24. 7.
		The Prince of Egypt	101.4	18. 12.
		Antz	90.8	*2. 10.*
1999	Par	Runaway Bride	152.1	30. 7.
		Double Jeopardy	116.7	*24. 9.*
		The General's Daughter	102.7	18. 6.

	U	The Mummy	155.2	*7. 5.*
		Notting Hill	116.0	28. 5.
		American Pie	101.7	9. 7.
	BV	The Sixth Sense	293.5	6. 8.
		Toy Story 2	245.8	19. 11.
		Tarzan	170.8	16. 6.
	MGM	The World is Not Enough	127.0	19. 11.
		The Thomas Crown Affair	69.3	8. 6.
		Stigmata	50.0	*10. 9.*
	WB	The Matrix	171.4	*31. 3.*
		The Green Mile	136.8	10. 12.
		Wild Wild West	113.7	30. 6.
	Sony	Bid Daddy	163.5	25. 6.
		Stuart Little	140.0	17. 12.
		Blue Streak	67.8	*17. 9.*
	Fox	Star Wars: Phantom Menace	430.4	19. 5.
		Entrapment	87.7	*30. 4.*
		Never Been Kissed	55.5	*9. 4.*
	SKG	American Beauty	130.1	*15. 9.*
		The Haunting	91.2	23. 7.
		Galaxy Quest	71.6	25. 12.
2000	Par	Mission: Impossible 2	215.4	24. 5.
		What Women Want	182.8	15. 12.
		Rugrats in Paris: The Movie	76.5	17. 11.
	U	Dr. Suess' How the Grinch Stole Christmas	260.0	17. 11.
		Meet the Parents	166.2	*6. 10.*
		Erin Brokovich	125.6	*17. 3.*
	BV	Dinosaur	137.7	19. 5.
		Gone in 60 Seconds	101.6	9. 6.
		Remember the Titans	113.7	29. 9.
	MGM	Autumn in New York	37.8	11. 8.
		Return to Me	32.7	*7. 4.*
		Supernova	14.2	*14. 1.*
	WB	The Perfect Storm	182.6	30. 6.
		Miss Gongeniality	106.8	22. 12.
		Space Cowboys	90.2	4. 8.
	Sony	Charlie's Angels	125.3	*3. 11.*

	The Patriot	113.3	28. 6.
	Hollow Man	73.2	4. 8.
Fox	Cast Away	233.6	22. 12.
	X-Men	157.3	14. 7.
	Big Momma's House	117.6	2. 6.
SKG	Gladiator	186.7	*5. 5.*
	What Lies Beneath	155.4	21. 7.
	Chicken Run	106.8	21. 6.

E Literatur

Bücher und Aufsätze

Allen, Robert C.; Gomery, Douglas (1985). Film History. Theory and Practice. New York et al.: McGraw-Hill.

Andrew, Geoff (1999). Stranger than Paradise. Mavericks – Regisseure des amerikanischen Independent-Kinos. Mainz: Bender.

Balio, Tino (1998). A major presence in all of the world's important markets. In: Neale, Steve; Smith, Murray (Hrsg.). Contemporary Hollywood Cinema. London, New York: Routledge, S. 58-73.

Bart, Peter (1999). The Gross: The Hits, The Flops – The Summer that Ate Hollywood. New York: St. Martin's Press.

Belton, John (2000). American cinema and film history. In: Hill, John; Church Gibson, Pamela (Hrsg.). American Cinema and Hollywood: Critical Approaches. Oxford: University Press, S. 1-11.

Bernardoni, James (1991). The New Hollywood. What the movies did with the new freedoms of the seventies. Jefferson, London: McFarland.

Bordwell, David; Staiger, Janet; Thompson, Kristin (1985). The Classical Hollywood Cinema. Film Style & Mode of Production to 1960. New York: Columbia University Press.

Cook, David (1996). A History of Narrative Film. 3rd Edition. New York, London: W. W. Norton & Company.

Corrigan, Timothy (1998). Auteurs and the New Hollywood. In: Lewis, Jon (Hrsg.). The New American Cinema. Durham, London: Duke University Press, S. 28-63.

Dale, Martin (1997). The Movie Game. London: Cassell.

Goodell, Gregory (1998). Independent Feature Film Production. A complete Guide from Concept through Distribution. Revised Edition. New York: St. Martin's Griffin.

Goldman, William (1999). Das Hollywood Geschäft. Bergisch Gladbach: Bastei-Lübbe.

Gomery, Douglas (1992). Shared Pleasures. Madison: University of Wisconsin Press.

– (1998). Hollywood corporate business practice and periodizing contemporary film history. In: Neale, Steve; Smith, Murray (Hrsg.). Contemporary Hollywood Cinema. London, New York: Routledge, S. 47-57.

– (2000). Hollywood as industry. In: Hill, John; Church Gibson, Pamela (Hrsg.). American Cinema and Hollywood: Critical Approaches. Oxford: University Press, S. 19-28.

Hillier, Jim (Hrsg.) (2001). American Independent Cinema. A Sight and Sound Reader. London: British Film Institute.

– (1992). The New Hollywood. London: Studio Vista.

Kleinhaus, Chuck (1998). Independent Features: Hopes and Dreams. In: Lewis, Jon (Hrsg.). The New American Cinema. Durham, London: Duke University Press, S. 307-327.

Kramer, Peter (2000). Post-classical Hollywood. In: Hill, John; Church Gibson, Pamela (Hrsg.). American Cinema and Hollywood: Critical Approaches. Oxford: University Press, S. 63-83.

Lewis, Jon (1998). Money Matters: Hollyood in the Corporate Era. In: Lewis, Jon (Hrsg.). The New American Cinema. Durham, London: Duke University Press, S. 87-121.

Levy, Emanuel (1999). Cinema of Outsiders. The Rise of American Independent Film. New York, London: New York University Press.

Litman, Barry (1998). The Motion Picture Mega-Industry. Boston et al.: Allyn and Bacon.

Lyons, Donald (1994). Independent Visions. A critical Introduction to Recent Independent American Film. New York: Ballantine Books.

Maltby, Richard; Ian, Craven (1995). Hollywood cinema: an introduction. Oxford: Blackwell Publishers.

– (1998). 'Nobody knows everything.' In: Neale, Steve; Smith, Murray (Hrsg.). Contemporary Hollywood Cinema. London, New York: Routledge, S. 21-44.

Margulies, Ivone (1998). John Cassavetes: Amateur Director. In: Lewis, Jon (Hrsg.). The New American Cinema. Durham, London: Duke University Press, S. 275-306.

Merritt, Greg (2000). Celluloid Mavericks. A History of American Independent Film. New York: Thunder's Mouth Press.

Monaco, James (2000). Film verstehen. Hamburg: Rowohlt.

Pierson, John (1995). Spike, Mike, Slackers & Dikes. A Guided Tour Across a Decade of American Independent Cinema. New York: Miramax Books, Hyperion.

Schamus, James (1998). To the rear of the back end. The economics of independent cinema. In: Neale, Steve; Smith, Murray (Hrsg.). Contemporary Hollywood Cinema. London, New York: Routledge, S. 91-105.

Schatz, Thomas (1993). The New Hollywood. In: Collins, Jim; Radner, Hilary; Collins, Ava Preacher (Hrsg.). Film Theory goes to the Movies. New York, London: Routledge, S. 8-36.

Smith, Murray (2001). Parallel Lines. In: Hillier, Jim (Hrsg.). American Independent Cinema. A Sight and Sound Reader. London: British Film Institute, S. 155-161.

– (1998). Theses on the philosophy of Hollywood history. In: Neale, Steve; Smith, Murray (Hrsg.). Contemporary Hollywood Cinema. London, New York: Routledge, S. 3-20.

Tasker, Yvonne (1996). Approaches to the New Hollywood. In: Curran, James; Morley, David; Walkerdine, Valerie (Hrsg.). Cultural Studies and Communications. London, New York: Arnold, S. 213-228.

Thompson, Kristin (1999). Storytelling in the New Hollywood. Understanding Classical Narrative Technique. Cambridge, London: Harvard University Press.

Wasko, Janet (1994). Hollywood in the Information Age. Cambridge: Polity Press.

Wyatt, Justin (1994). High Concept. Movies and Marketing in Hollywood. Austin: University of Texas Press.

– (1998). From Roadshowing to Saturation Release: Majors, Independents, and Marketing/Distribution Innovations. In: Lewis, Jon (Hrsg.). The New American Cinema. Durham, London: Duke University Press, S. 64-86.

– (1998). The Formation of the 'major independent'. In: Neale, Steve; Smith, Murray (Hrsg.). Contemporary Hollywood Cinema. London, New York: Routledge, S. 74-90.

Diplomarbeiten

Blanchet, Robert (2000). Hollywood 2.0: Ästhetische, ökonomische und historische Grundlagen des postklassischen Hollywoodkinos. Diplomarbeit, Wien.

Greiner, Gabor (2000). Marketing Strategies of film studios in the US 1989 – present. Diplomarbeit, Wien.

Internet

Folgende Internetseiten wurden während der Phase der Arbeitsanfertigung vermehrt kontaktiert und lieferten Informationen bzw. Daten für die Fertigstellung dieser Arbeit:

http://www.mpaa.org
http://www.mpaa.org/useconomicreview/2000Economic/index.htm
http://www.oscars.org
http://www.entdata.com/bonews/studios/stud_tpc.html (abgerufen am 15. 7. 01)
http://www.oscars.com
http://www.sundance.org
http://www.boxoffice.com
http://www.boxofficeguru.com
http://www.imdb.com
http://www.variety.com
http://www.hollywoodreporter.com

Auf folgende Internet-Artikel wurde im Text verwiesen:

Anderson, Brad: Lose this label, please.
http://www.variety.com/index.asp?layout=indies2001&nav=bigpucture& content=bigpicture&articleID=VR1117850235 (abgerufen am 8. August 2001).
Fleming, Michael: Helmers the reel deal.
http://www.variety.com/index.asp?layout=print_story&articleid=VR1117 853663&categoryid=10 (abgerufen am 4. Oktober 2001).
Fuson, Brian: Big Finish. Top-grossing year kicked into gear in fall.
http://www.hollywoodreporter.com/hollywoodreporter/wrap/wrap00/over view.jsp (abgerufen am 12. Juli 2001).
Fuson, Brian: 1999 b. o. reels in $7.5 billion. Eight straight year of growth.
http://www.hollywoodreporter.com/hollywoodreporter/wrap/wrap99/over view.jsp (abgerufen am 12. Juli 2001).

Galloway, Stephen: 'Indiewood' review.
http://www.hollywoodreporter.com/hollywoodreporter/cinexpo/article_display.jsp?vnu_content_id=999755 (abgerufen am 8. August 2001)

Harris, Dana: Fickle B. O. changes indies' focus
http://www2.variety.com/reportcard2000.asp?HbkId=13092880&articleID=1117791788 (abgerufen am 11. Juli 2001)

Harris, Dana: Landscape's Cooper to head Artisan Pics.
http://www.variety.com/index.asp?layout=print_story&articleid=VR1117853430&categoryid=13 (abgerufen am 4. Oktober 2001)

Lyons, Charles: Boffo B. O. run saves battered biz year.
http://www2.variety.com/reportcard2000.asp?HbkID=13092880&articleID1117791536 (abgerufen am 11. Juli 2001)

N. N.: Art-house puzzle.
http://www.hollywoodreporter.com/hollywoodreporter/cinexpo/article_display.jsp?vnu_content_id=999753 (abgerufen am 8. August 2001)

Variety Staff: Survival of the leanest.
http://www.variety.com/index.asp?layout=indies2001&nav=bigpucture&content=bigpicture&articleID=VR1117850244 (abgerufen am 8. August 2001).

Variety.com-Newsletter. Daily Headlines, vom Mittwoch 10. Oktober 2001 (*The Mummy Returns*).

Kristin Thompson, Email vom Sonntag, 15. Juli 2001.

Jahrbücher

Screen World. 1992 Film Annual bis 2000 Film Annual. New York, London: Applause.
The Motion Picture Guide. 1992 Annual bis 1999 Annual. New York: Baseline II, (ab 1993: Cinebooks).
Variety International Film Guide. 1992 bis 1999. Hollywood: Samuel French Trade, (seit 1999: Los Angeles: Silman-James Press).

Zeitschriften/Zeitungen

Gross, Larry (1996). Between Hollywood and Sundance. In: Sight & Sound, 6/1996, 4, S. 10-13.
– (1995). In the Buzz of everyone's ego. In: Sight & Sound, 5/1995, 5, S. 22-23.
N. N. (2001). Filmriss in Hollywood. In: Die Zeit, 1995, 15, S. 45+46. (Ausgabe vom 5. April)
N. N. (1996). The Business. In: Sight & Sound, 6/1996, 7, S. 4.
Roddick, Nick (1998). Show me the Culture! In: Sight & Sound, 8/1998, 12, S. 22-26.

Für die Fertigstellung dieser Arbeit wurden alle **Variety**-Ausgaben zwischen 1991 und 2001 durchgesehen. Alle zur Hilfe gezogenen Artikel anzuführen, wäre zu umfangreich. Es werden diese Artikel bibliographiert, aus denen in der Arbeit zitiert wurde. Vereinzelt werden auch weitere hilfreiche Artikel angeführt, die nicht explizit im Text genannt wurden. Verzichtet wird auf die Bibliographie der Ausgaben, in welchen Variety Einspielergebnisse auflistet, Oscar-Nominierungen oder -Gewinner verkündet, usw.

Sundance

Brodie, John (1994). Niche pix hit the peaks. In: Variety, 353/1994, 11, S. 1+119. (Ausgabe vom 17.-23. Januar)

– (1994). Studios don't sully spirit of Sundance. In: Variety, 353/1994, 13, S. 11+12. (Ausgabe vom 31. Januar - 6. Februar)

McCarthy, Todd (2000). Sundance spectrum broad, often digital. In: Variety, 381/2000, 4, S. 5+66. (Ausgabe vom 11.-17. Januar)

Oscars

Evans, Greg (1995). Oscar rings in the new era of indie chic. In: Variety, 358/1995, 3, S. 1+191. (Ausgabe vom 20.-26. Februar)

Klady, Leonard (1996). Indies spiking oscar's punch. In: Variety, 365/1996, 8, S. 1+58. (Ausgabe vom 23. Dezember 1996 - 5. Januar 1997)

Majors

Bart, Peter (2001). Gone in 60 Seconds. In: Variety, 383/2001, 12, S. 6. (Ausgabe vom 13.-19. August)

Brennan, Judy (1993). Studio stick by megapics. In: Variety, 350/1993, 6, S. 1+80. (Ausgabe vom 8. März)

Carver, Benedict (1999). Film biz stuck in slo-mo. In: Variety, 375/1999, 11, S. 1+45. (Ausgabe vom 2.-8. August)

Carver, Benedict; Dawtrey, Adam (1998). U-Turn dashes Euro hopes. In: Variety, 373/1998, 5, S. 1+149. (Ausgabe vom 14.-20. Dezember)

Cox, Dan; Peers, Martin (1998). Studios: Less $$ for movies. In: Variety, 372/1998, 6, S. 1+123. (Ausgabe vom 21.-27. September)

DiOrio, Carl (2001). Post 'Shrek', is summer a wreck? In: Variety, 383/2001, 8, S. 1+53. (Ausgabe vom 16.-22. Juli)

Fleming, Charles; Brennan, Judy (1993). The party's not over. In: Variety, 349/1993, 10, S. 1+83. (Ausgabe vom 4. Januar)

Fleming, Charles (1992). Studios skate on slippery slates. In: Variety, 348/1992, 7, S. 1+68. (Ausgabe vom 7. September)

– (1991). Studios put brakes on summer ad binges. In: Variety, 343/1991, 9, S. 1+93. (Ausgabe vom 10. Juni)

Hindes, Andrew; Cox, Dan (1998). H'wood trims its tentpoles. In: Variety, 372/1998, 8, S. 1+86. (Ausgabe vom 5.-11. Oktober)

Johnson, Ted (1997). High Concepts go low. In: Variety, 367/1997, 2, S. 1+66. (Ausgabe vom 2.-8. Juni)

Klady, Leonard (1999). Hollywood uncorks a record B. O. year. In: Variety, 373/1999, 7, S. 9+16. (Ausgabe vom 4.-10. Januar)

– (1998). H'wood's B. O. blast. In: Variety, 369/1998, 8, S. 1+96. (Ausgabe vom 5.-11. Januar)

Lyons, Charles (2000). Blockbuster or Ball-Buster? In: Variety, 378/2000, 5, S. 1+58. (Ausgabe vom 20.-26. März)

Natale, Richard (1991). H'wood bets less is more. In: Variety, 344/1991, 4, S. 1+115. (Ausgabe vom 5. August)

– (1991). Ditribs say 'Open Wide'. In: Variety, 343/1991, 11, S. 1+69. (Ausgabe vom 24. Juni)

N. N. (2000). The Global 50. In: Variety, 380/2000, 2, Supplement to Variety. (Ausgabe vom 28. August - 3. September)

N. N. (1999). The Global 50. In: Variety, 376/1999, 1, Supplement to Variety. (Ausgabe vom 23.-29. August)

N. N. (1998). The Global 50. In: Variety, 372/1998, 2, Supplement to Variety. (Ausgabe vom 24.-30. August)

N. N. (1997). 92nd Anniversary. In: Variety, 368/1997, 3, Supplement to Variety. (Ausgabe vom 25.-31. August)

N. N. (1996). A buy cycle built for three. In: Variety, 363/1996, 11, S. 1, 65-67. (Ausgabe vom 22.-28. Juli)

N. N. (1995). The century in show business. In: Variety, 360/1995, 4, Supplement to Variety. (Ausgabe vom 28. August - 3. September)

Petrikin, Chris; Hindes, Andrew (1997). Size doesn't matter. In: Variety, 369/1997, 2, S. 1+82. (Ausgabe vom 17.-23. November)

Indies

Bart, Peter (1999). Pushed to the Miramax? In: Variety, 377/1999, 6, S. 1+75. (Ausgabe vom 20. Dezember 1999 - 2. Januar 2000)

Bing, Jonathan (2001). Miramax pumped up by lean, mean slate. In: Variety, 381/2001, 12, S. 9+73. (Ausgabe vom 12.-18. Februar)

Carver, Benedict (1999). The New Lion Kings. In: Variety, 375/1999, 8, S. 1+57. (Ausgabe vom 12.-18. Juli)

Carver, Benedict; Hindes, Andrew (1999). Mini-majors get maxi clout. In: Variety, 375/1999, 4, S. 1+53. (Ausgabe vom 7.-13. Juni)

Cox, Dan; Bing, Jonathan (2000). Overkill or over-the-hill? In: Variety, 380/2000, 7, S. 1+62. (Ausgabe vom 2.-8. Oktober)

Cox, Dan; Roman, Monica (1998). Bob takes Mira to the Max. In: Variety, 372/1998, 5, S. 1+93. (Ausgabe vom 14.-20. September)

Cox, Dan; Carver, Benedict (1998). New Line: Sibling Revelry. In: Variety, 370/1998, 4, S. 1+61. (Ausgabe vom 9.-15. März)

Cox, Dan; Peers, Martin (1997). Time runs out for New Line sale. In: Variety, 366/1997, 11, S. 11+15. (Ausgabe vom 14.-20. April)

Cox, Dan (1996). New Line sees Red. In: Variety, 365/1996, 2, S. 1+73. (Ausgabe vom 11.-17. November)

Eller, Claudia; Frook, John Evan (1993). Mickey munches on Miramax. In: Variety, 351/1993, 1, S. 1, 60, 62. (Ausgabe vom 3. Mai)

Grego, Melissa (2000). Canuck Indie Wishin' for Position. In: Variety, 381/2000, 1, S. 11+41. (Ausgabe vom 20.-26. November)

Hindes, Andrew (1998). Arthouses Face Empty Seats. In: Variety, 371/1998, 9, S. 7+10. (Ausgabe vom 13.-19. Juli)

Klady, Leonard (1999). Indies vie for summer toehold. In: Variety, 374/1999, 11, S. 11+14. (Ausgabe vom 3.-9. Mai)

– (1997). Exhibits enter arthouse building fray. In: Variety, 368/1997, 2, S. 7, 8, 44. (Ausgabe vom 18.-24. August)

– (1995). Megapix crash arty party. In: Variety, 359/1995, 7, S. 1+70. (Ausgabe vom 12.-18. Juni)

Lyons, Charles (2000). Rebel without a Pause. In: Variety, 380/2000, 4, S. 1+48. (Ausgabe vom 11.-17. September)

Lyons, Charles; Cox, Dan (2000). United Slates of USA. In: Variety, 377/2000, 13, S. 1+71. (Ausgabe vom 14.-20. Februar)

Natale, Richard (1991). Indies snare their share of Xmas screens. In: Variety, 345/1991, 8, S. 1+106. (Ausgabe vom 2. Dezember)

N. N. (2001). Sony Pictures at 10. In: Variety, 382/2001, 13, S. 35ff. (Ausgabe vom 14.-20. Mai)

N. N. (1995). Spotlight: Robert Shaye. In: Variety, 360/1995, 7, S. 51ff. (Ausgabe vom 18.-24. September)

N. N. (1992). Freeze frame: New Line Cinema. In: Variety, 348/1992, 3, S. 39ff. (Ausgabe vom 10. August)

Roman, Monica; Hindes, Andrew (1998). Classic formula. In: Variety, 371/1998, 12, S. 7+11. (Ausgabe vom 3.-9. August)

Roman, Monica (1998). Star-powered pix, indie style. In: Variety, 369/1998, 8, S. 11+22. (Ausgabe vom 5.-11. Januar)

– (1997). New chapter written for Miramax. In: Variety, 369/1997, 4, S. 8+17. (Ausgabe vom 1.-7. Dezember)

Roman, Monica; Cox, Dan (1997). Sony Classics trio gets more pic coin. In: Variety, 366/1997, 1, S. 15. (Ausgabe vom 3.-9. Februar)

Facts on Pacts

Harris, Dana (2001). Hollywood filmers' pacts get whacked. In: Variety, 383/2001, 6, S. 1, 68, 69. (Ausgabe vom 25. Juni - 8. Juli)

Klady, Leonard (1999). Pacts whacked, deals sealed. In: Variety, 375/1999, 7, S. 1, 84, 85. (Ausgabe vom 28. Juni - 11. Juli)

Lyons, Charles (2000). Passion for slashin'. In: Variety, 379/2000, 6, S. 1, 68, 69. (Ausgabe vom 26. Juni - 9. Juli)

N. N. (1997). There's no place like home. In: Variety, 367/1997, 9, S. 18. (Ausgabe vom 30. Juni - 13. Juli)

Autor

Dominik Tschütscher

Geboren am 12. August 1977.
Wohnhaft in und Bürger von Schaan, Liechtenstein.

Mai 1997: Abschluß der Matura am Liechtensteinischen Gymnasium, Vaduz.

1997 bis 2002: Studium der Kommunikationswissenschaft an der Universität Salzburg. Abschluß im Januar 2002.

Von September 1999 bis Mai 2000 zwei Semester Studium am Department of Theatre, Film and Creative Writing der University of British Columbia, Vancouver.

Zwischen 1995 und 2000 regelmäßig Mitarbeiter der Redaktion der liechtensteinischen Tageszeitung „Liechtensteiner Vaterland".

Während des Studiums (inoffizielles) Mitglied der Studienrichtungsvertretung Kommunikationswissenschaft und Mitarbeiter und Leiter von Projekten wie der Publikation DER PUNKT oder des Studentenfilmfestivals film:riss.

www.ingramcontent.com/pod-product-compliance
Lightning Source LLC
Chambersburg PA
CBHW021949290426
44108CB00012B/996